포항과 포스코

포항과 포스코

55년 기업도시의 연대기
쇠락하는 지역 중공업도시의 과거와 현재, 미래

채 헌

도서출판 나루

들어가며

'포스코는 50년간 함께해 온 포항시민을 잊지 말라!' '포스코는 포항에 굴뚝만 남기려 하는가!' '포스코 지주사로 서울입성, 내팽개친 지방균형발전' '포항시민의 땀과 희생 위에 지어진 포스코는 포항에 보답하라!' 2022년 2월, 포항시 전역을 도배하다시피 내걸린 '포스코 지주사 서울 설립 반대' 현수막의 문구들이다. 지난해 말부터 추진되어온 포스코 지주사 서울설립은 20대 대통령 선거전과 상승작용을 일으키면서 전국적인 이슈로 비화되었다. 지주사 이전 반대 시민 30만 명의 서명이 순식간에 이루어졌다. 지방균형발전이라는 전국적인 명분과 포항의 들불 같은 민심에 밀린 포스코는 결국 백기를 들었다. 포스코는 2022년 3월 출범하는 지주회사 포스코홀딩스의 주소지를 2023년까지 포항으로 이전하기로 했다. 또 인공지능(AI), 이차전지 소재, 수소·저탄소에너지 분야를 중점 연구개발하기 위해 설립한 미래기술연구원의 본원도 포항에 두기로 했다.[1] 해결 아닌 해결이 되었다고는 하지만 포항시민과 포스코 모두에 깊은 상처가 남았다.

추석을 앞둔 2022년 9월 6일 새벽, 태풍 힌남노가 포항을 직격했다. 바람보다는 비가 문제였다. 500㎜에 이르는 집중호우가 포스코와 철강공단, 오천, 인덕, 대송 지역에 내렸다. 포스코는 집중호우와 냉천의 범람으로 전면 침수되었다. 공장은 고로를 포함 전면 가동 중단되었다. 공장가동 49년 만에 처음 있는 일이다. 철강공단 100여 개 업체가 직접적인 침수피해를 입었다. 포항시민들은 포스코가 가동을 멈추었다는 소식에 사색이 되었다. 포항이 어떻게 움직여왔는지를 모두가 알고 있기 때문이다. 지금은 조속한 복구에 총력을 기울이고 있다. 그러나 피해는 당분간 포항경제에 심각한 영향을 미칠 것이다.

이 두 장면은 현재 포항과 포스코의 상황을 상징적으로 보여주고 있다. 포항과 포스코는 심각한 불협화음을 내고 있고 그 와중에 자연재해는 포스코를 비롯한 포항경제 주체에 직접적인 타격을 입혔다. 한 마디로 포항은 총체적인 위기 국면에 직면해 있다.

포항은 1968년 포스코가 설립되면서 기업도시로 성장해온 도시이다.[2] 포스코의 성장부침에 따라 도시의 경제상황과 인구는 함께 성장과 하락을 경험하였다. 1960년대 말 중앙정부에서 종합제철소 건립을 준비할 때, 후보지에 들었던 포항은 전 시민이 힘을 합쳐 유치운동을 벌였다. 그 지난했던 55년 동안의 '제철보국, 영일만의 기적'이 새로운 국면을 맞고 있는 것이다.

중앙정부에서는 2019년부터 산발적으로 각 부처에서 진행하였던 '산업단지 구조고도화' 사업을 통합하여 '산업단지 대개조' 사업을 추진하고 있다.[3] 기실 우리나라는 1960년대 이후 경제개발 5개년 계획에 따라 중화학 중심의 제조업 전략으로 성장해온 것이 사실이다.

제조업은 우리 경제성장의 원동력이며 일자리 혁신의 원천이다. 그 근간에는 산업단지가 존재하며 아직도 이 명제는 유효하다. 전국 산업단지는 1,221개, 10만여 입주기업에 216만의 근로자(2018년 기준)가 제조업 생산의 70%, 수출의 74%, 고용의 49%를 담당하고 있다. 포항도 그 중심에 있다. 철강업 중심의 제조업 도시이기 때문이다. 그러나 4차 산업혁명 시대에 산업 환경이 변화함에 따라 산업단지가 변화해야 한다는 요구가 증대하고 있지만 산업단지의 활력은 저하되었다. 제조업체는 디지털혁신의 트렌드에 부응하지 못하고 있다. 특히 포항, 울산, 여수, 구미, 창원, 군산 등 수도권 이외 지역의 산업도시의 산업단지는 노후화가 심하다. 산업구조 조정을 겪고 있으며 고용위기가 발생하고 있다. 2000년대 이후 수도권 집중화가 심화되면서 지역 산업단지의 침체는 도시의 존폐와 직결될 정도로 위기감이 고조되고 있다.

포항도 예외일 수 없다. 사양산업인 철강업, 단일기업인 포스코에 의존하여 55년을 버텨왔다. 그러나 이제는 힘에 부친다. 인구는 1995년 이후 50만 명을 겨우 넘긴 이후 정체 국면이고 청년들은 자꾸 떠나간다. 지방정부에서는 새로운 성장산업의 유치와 육성을 외치고 있지만 바이오, 2차전지 등 신산업이 뿌리를 내리려면 아직 많은 시간이 소요될 것으로 보인다. 어쩌면 화려했던 '영일만의 기적'은 여기서 추억의 한 페이지가 될지도 모를 일이다. 이런 상황에서 포스코 지주사 서울설립 이슈가 터진 것이다.

이 책은 궁벽한 동해안 어촌도시에 '조국 근대화'의 기치로 건설되었던 포스코, 그리고 이 도시를 일구어 온 포항사람들의 과거와 현재, 미래를 조망해보기 위해서 구상되었다. 특히 포항에 포스코가 들어서면서 포항의 경제가 어떻게 변화를 겪어왔는가를 살펴볼 것이다. 경제 주체를 각 부문별로 나누어서 분석해보았다. 경제 주체를 크게 포스코, 포항철강공단, 죽도시장, 포스텍 주변, 신성장산업, 해양관광 등으로 나누고 각각의 성장과 부침을 기술하고 전망을 제시해 보았다. 그 과정을 통해서 포항의 미래를 준비하는 단초를 마련할 수 있다면 의미 있는 일이 될 것이다.

이를 위해 1장에서는 포항이라는 철강도시가 탄생하고 성장해온 배경을 다룬다. 5만의 어촌도시가 50만 인구로 성장하는 2000년까지의 일들을 기술한다. 포스코의 설립과 성장, 시민들의 구성, 외지인의 유입 등이 핵심내용이 된다. 특히 권위주의 시대를 거치면서 포스코와 포항시민들의 관계가 형성되는 과정을 분석한다. 박태준 회장의 활동과 역정에 대해서도 조망해 본다.

2장에서는 포스코가 민영화되고 사명이 바뀌는 2000년 이후의 일들을 이야기한다. 이 시기, 박태준 회장의 영향력도 사그라들고 선출된 지방정부의 위상은 강화된다. 철강산업도 중국이 부상하면서 포스코도 다른 대안을 모색해가는 시점이다. 현대제철이 등장하면서 독점적 지위도 깨진다. 그리고 포스텍은 다른 지역의 과학기술 특성화대학에 쫓기는 신세가 된다. 테크노폴리스는 의욕적으로 추진되었으나 좌절되었다. 도로가 원활해지면서 이웃 도시인 대구, 경주, 울산과의 변화된 관계도 목격된다. 고속도로 개통으로 활기를 되찾은 죽도시장의 모습도 살펴본다. 포항을 구성하는 다양한 경제 구성체의 역할과 특징의 현재 모습을 되돌아본다.

　3장에서는 먼저 해외의 사례를 살펴볼 것이다. 과거 철강도시로 번성했으나 침체를 거쳐 각자의 방식으로 활력을 되찾은 사례를 알아본다. 20년 전부터 포항의 대안으로 언급되었던 스페인의 빌바오, 미국 피츠버그, 일본 기타큐슈, 영국의 셰필드 등이 그런 예가 될 것이다. 선진국의 사례를 바탕으로 기업도시 포항의 위기를 포스코와 포항이 어떻게 대응해 왔는지를 전체적으로 분석해 본다. 그리고 주요 경제 주체별로 처한 상황과 문제점을 분석하고 미래의 대안들에 대해서 논의해 본다. 포스코와 철강산업단지는 어떻게 활력을 찾아야 하는지 알아보고 새롭게 떠오르고 있는 이차전지 소재산업의 투자와 가능성도 살펴볼 것이다. 여기에서 포스텍 등 지역대학의 역할도 분명히 짚고 넘어가야 할 대목이다. 그리고 해양관광도시로서의 가능성을 타진해본다. 무엇보다 지역발전을 위해서는 거버넌스의 구성이 중요하다. 포항시, 포스텍, 포스코 3개 주체의 관계 설정, 포항시의 역할, 포스텍의 협력 방안을 모색해 본다. 마지막으로 모든 경제 주체에 당면한 현안인 일자리 문제에 대해 다각적인 대안들을 찾아본다.

　지금이야말로 포항이 계속 50만의 삶의 터전으로 그 자부심과 명성을 유지하면서 지속될 수 있을지 진지하게 논의해야 할 시점이다.

목 차

제3장 포항의 미래, 어떻게?

제1장

철강도시의
탄생과 성장 배경

1968~2000

해도지구 자전차전용도로개통
78. 9. 1

배가지킨 질서속에
명랑사회 이룩된다

바로가고 바로서고
교통질서 확립하자

1

현대 포항의 시작과 포스코의 탄생

　내 유년시절의 포항과 인근의 모습은 지금과 확연히 차이가 난다. 나는 포항 북쪽 5㎞ 흥해(정확히는 달전이라는 곳)에서 태어나고 자랐다. 1970년대 중반 만해도 포항의 도심지역에나 포장이 되어 있었고 우리 마을을 관통하는 7번 국도는 비포장도로였다. 내 고향은 전형적인 농촌지역이었다. 지금은 4차선 포장도로로 15분이면 포항의 도심지역에 닿는다. 그때만 해도 포항 도심까지 가려면 하루에 몇 번밖에 없는 시내버스를 타고 40~50분은 가야 했다. 어머니의 포항 출타의 주요 이유는 죽도시장에서 장을 보기 위함이었다. 중간에 소티재가 있어 꽤 멀어보였던 것으로 기억이 난다. 심지어 사람이 너무 많이 타면 고등학생과 청년들이 내려서 소티재 구간을 밀어서 넘기도 했다.

　내가 처음으로 기억하는 포스코와의 연결고리는 7번 국도를 쉴 새 없이 오가던 덤프트럭일 것이다. 내 고향 마을에서는 중학교에 진학하게 되면 포항시내에 있던 3개 중학교(포항, 대동, 동지)로 버스를 타고 가게 된다. 형이 중학교에 진학하던 1970년대 중반, 통학길이 힘들었던 모양이었다. 아침에 청하, 흥해 방면에서 수많은 학생과 출근자들을 태우고 달전에 오게 되면 때로는 버스가 미어터져서 세우지도 않고 통과하고는 했다. 그래서 아침 일찍 길을 나서든가 했는데, 형이 안쓰러웠던 어머니가 꾀를 내셨다. 7번 국도 길목에 있던 해병대 검문소(그때 군대의 위력은 대단하여 검문소에서는 아무리 만원 버스여도 세울 수 있었다)에 사정을 하여 덤프트럭 아저씨를 소개받아 옆자리를 얻어 타고 다니게 하셨다. 새벽부터 일을 다니시던 마음씨 좋은 덤프트럭 아저씨는 심심치 않은 길동무를 얻었고 형은 지옥 등 곳길을 해결할 수 있었다. 형의 손에는 때로는 계란 꾸러미가, 포도 봉지가 들려져 있었던 것으로 기억한다. 지금 추측건대 포항제철 건설에 여념이 없던 시절의 한 풍경이었을 것이다.

포항의 근대화

1970년대 이전, 포항은 한적한 어촌도시였다. 조선시대에는 형산강변에 함경도로 구휼미를 보내는 포항창진이 설치되어 있었다. 인근 흥해, 청하, 장기, 연일에 현(縣)이 있었고 경주에는 부(府)가 설치되어 있었으니 동해안 인근을 관할하는 행정 중심은 경주였다.

포항은 일제강점기 때 일본인들의 유입으로 성장하였다. 동해안의 어항으로 개발되기 시작한 것이다. 1942년 인구가 3만5,000명으로 기록되어 있다. 1949년 포항시로 승격될 때의 인구가 5만 명 수준이었다. 1961년 인구 6만 명, 1968년 인구는 71,680명으로 계속 성장하고 있었지만 그냥 어항이었다. 1960년대까지 농업과 어업에 종사하는 인구가 50%를 넘었다. 이 시기의 성장요인을 살펴보면 1962년 포항항이 국제개항장으로 지정된 것과 군사도시로서의 자리매김이라고 할 수 있을 것이다. 1959년 해병대 1사단의 주둔으로 많은 인구가 유입되었다.[1]

　포항의 현대사는 포스코의 포항제철소 설립부터 시작되었다고 해도 과언이 아니다. 철강도시, 기업도시로서의 정체성이 확립되었고 그 기능과 도시적 역할은 아직도 현재진행형이다.

　1968년 국영기업 포항종합제철주식회사(현 포스코)가 설립되고 대일청구권 자금을 기반으로 박정희 정부는 1970년 4월 1일 영일만 모래벌판에서 역사적인 포철의 착공식을 가졌다. 이날 박태준 회장은 '민족중흥의 기틀'을 제목으로 "종합제철 건설은 우리가 비축했던 민족역량의 결정일 뿐 아니라, 강력한 국민 의지의 발현"이라고 역설했다. 아직까지 포스코 하면 떠오르는 '제철보국', '영일만의 기적', '우향우 정신'이 시작된 것이다.

　공장부지 232만 7,000평에 주택단지와 연관단지 157만 평 등 총 389만 평 규모로 여의도 면적(87만 평)의 4.5배 규모의 대규모 산업단지 건설의 역사가 시작되었다. 이 1기공사는 1973년 '고로화입'과 '첫 출선'(고로에서 쇳물을 뽑아내는 일)을 성공시키고 7월 3일 '포철

1기 설비 종합준공식'을 거행하면서 환호 속에 마무리되었다.[2]

이 시기 포항시민의 포항제철소 유치에 대한 기대와 열망은 매우 컸던 것으로 파악된다. 제철소 후보지를 다투던 1967년, 포항은 포항상공회의소를 중심으로 제철소 유치가 지역발전의 전기가 될 수 있다는 판단하에 '종합제철소 유치를 위한 동해지구 개발협회'를 결성하고 유치활동에 들어갔다. 시민들은 가두를 행진하고 유치대회를 열었고 여지없이 '서명운동'을 전개하였다. 기록에 따르면 포항, 경주, 영덕에서 50만 명이 서명했고 1백만 경북도민의 서명부를 작성하여 중앙정부에 보낸 것으로 나온다. 개발협회는 서울에 수십 차례 올라가서 관계 장관과 관계관을 만난 것으로 나온다. 제철소 유치를 위한 절실하고 일치단결한 포항시민과 경북도민의 노력이 있었다.

포항종합제철 기공식 축하행사

1967년 6월 21일 종합제철소 부지가 포항으로 결정되었을 때 포항시민들의 반응은 뜨거웠다.[3] 포항제철소의 포항입지가 가능했던 것은 군사안보적인 요인이 많이 작용한 것으로 보인다. 국내 여건상 원료를 국외에서 들여와야 하므로 바닷가가 우선 고려되었고 포항은 한반도 남단 동남쪽에 위치하여 휴전선과 떨어져 있었다. 해병대가 있어서 '일단 유사 시'에 방어가 용이해서 그랬다는 의견들이 회자되었다. 사실 엄혹한 권위주의 시대에 30만 명도 안 되는 포항시와 영일군 인구에서 50만 이상의 서명을 받았다는 것도 '관제'의 냄새가 난다. 그 시절 중앙정부의 통치행위가 모든 것을 압도하던 분위기를 감안해 볼 뿐이다.

제철소 설립과 포항성모병원

막상 제철소 부지가 개발되기 시작하자 해당 지역 시민들의 저항도 시작되었다. 1967년 대송면의 농어촌 5개 리(송정, 송내, 동촌, 괴동, 장흥동) 총 232만 평이 제철소 부지로 매수되어 개발되기 시작되었다. 개발지역 1,250세대, 무허가 세대를 합치면 1,500세대가 이주 철거되었다.[4] 보상비용을 놓고 주민들과의 마찰이 발생하면서 정부는 강제철거를 강행하였다. 지역주민의 삶은 배제된 채 제철소 건설은 '조국 근대화'의 기치에 휩쓸려 갔다. 이렇게 1978년까지 포철은 550만 톤 생산체제를 완성할 때까지 숨가쁘게 성장곡선을 그리면서 달려간다.

포항 남구 대잠동에 있는 포항성모병원은 524병상을 가진 포항에서 세 손가락 안에 드는 종합병원이다. 재단법인 예수성심시녀회가 1977년에 개원하여 현재에 이르렀다. 예수성심시녀회 수녀원은 포항제철소가 들어서면서 송정리 바닷가에 있던 것이 현재의 장소로 이전하였다. 수녀원은 6·25전쟁 전에 이미 설립되어 성당, 고아원, 양로원, 의무실, 운동장을 갖추고 있었다. 신부 2명, 수녀 160명이, 500명이 넘는 고아와 노인들을 돌보았다. 이런 수녀원이 철거대상이 된 것이다.[5]

　　설립자 남대영(프랑스명 루이 데랑드) 신부는 1923년부터 한국교회에 파견되어 사목활동을 해왔다. 남대영 신부는 불우한 어린이들과 노인들, 특히 나환자들에게 관심이 많았다. 그 당시 수녀원 의무실을 찾아오는 많은 환우들을 어떤 방법으로 도울 수 있을까를 고심하였다. 송정리에 1957년 피부진료소를 개설하고 나환자들을 적극 돌보았다. 수녀원은 이전 후 고아육아사업이 급격히 감소하면서 지역사회에 도움이 되고 수녀님들에게 도움이 되는 사업을 모색하던 중 현재 자리에서 종합병원을 건립하게 된다.[6] 철거 시기 박 회장이 직접 수녀원의 남신부와 수녀들을 설득했다고 한다. 그렇게 대신 받은 포항제철 효자주택단지와 인근인 지금 자리에서 수녀원을 다시 설립하고 병원을 설립하게 된 것이다.

　　내 기억으로 성모병원은 2000년대 이후가 되면서 양적, 질적으로 급격히 성장하였다. 수녀님들의 세심한 관리와 보수적인 확장으로 때로는 더디게 보인 면도 있었지만 위험한 공장지역의 근로자들을 돌보면서 병원의 역할이 늘어났다.

어렸을 때 어머니를 따라 병원에 왔을 때와 마찬가지로 병원의 진출입로는 여전히 2차선으로 비좁다. 우리가 겪어온 시대를 감안하면 여러가지 방법으로 진출입로를 확보할 수 있었을 텐데, 수녀님들은 그렇게 하지 않았던 모양이다. 원칙대로 정직하게 운영한 자취로 보여 짠하기도 하지만 어쩌면 그런 정신이 지금의 성모병원을 만들었다고 생각한다.

이 시절 기억나는 TV프로그램이 있다. '꽃피는 팔도강산'이라는 드라마였는데 포항제철소가 주요 무대로 등장한다. '용광로처럼 뜨겁고 강철같이 굳센 번영에의 의지와 집념!'이 드라마의 슬로건이었다. 돌아가신 김희갑 선생과 황정순 선생이 포항종합제철에 근무하는 사위 문오장 선생을 찾아가서 자랑스럽게 포항종합제철의 건설현장을 둘러보던 장면이 흑백TV에 나왔다. 나도 어렴풋이 기억하고 있다.

아마 우리 형이 등굣길에 탔던 덤프트럭도 포철 건설현장을 드나들었던 차량이었을 것이다. 나는 그 시절 친구들과 비포장 7번 국도를 돌아다니며 차량에서 떨어진 쇠붙이를 주우러 다녔다. 그걸 엿장수에게 가져다주면 그날 푸짐하게 엿을 포식할 수 있었기 때문이었다. 내 유년시절 포항은 거대한 건설과 산업화의 소용돌이 속에 있었던 것은 분명하다.

2

박태준 신화의 시작

박태준 회장의 동상은 포스텍 교정에 소박하게 서 있다. 2021년 12월, 박태준 회장 서거 10주기를 맞아 포항에서는 여러가지 추모 행사가 열렸다. 추모음악회, 추모 심포지엄 등등…. 나는 며칠이 지난 주말 아침, 동상을 참배했다. 아침 운동을 나온 몇몇 분들이 참배를 한다. 황동색 동상은 다소 추상 형식을 띠는데 중국의 유명 조각가가 만들어서 기증했다고 한다.

박태준의 돌파력

포항, 포스코를 이야기하면서 박태준을 빼고 이야기를 할 수 없다. 역사발전의 동인이 무엇이냐는 거창한 논의는 접어두고, 필자는 탁월한 리더의 역할이 역사발전에 필수적이라는 사실에 강력히 동의한다. 등소평이 일본을 방문해서 중국에서도 제철소를 짓고 싶다고 했을 때 '박태준이 없어서 안 된다'고 했다던가. 특히 포항에 살면서 박태준 회장의 헌신과 미래를 보는 혜안에 깜짝깜짝 놀랄 때가 있다. 박태준 회장이 없었다면 포스코의 성공도 현재 포항의 성장도 분명히 없었을 것이다.

포스텍 교정의 박태준 동상

경제개발을 지상의 과제로 삼았던 박정희 정권은 1961년 7월 발표한 5개년 종합경제재건계획에 종합제철소 건설을 포함했다. 근대적 산업국가로 나아가기 위해서는 산업의 쌀인 철을 직접 생산해야 한다는 데 동의했지만, 논의는 지지부진했다. 1965년 들어서 정권은 제철소 건립을 지상의 과제로 추진하기 시작했다. 그러나 핵심인 자본과 기술도입은 난제 중의 난제였다. 이즈음 박태준 회장은 대통령의 부름을 받는다. 이때 박 회장은 대한중석을 맡아서 운영하고 있었다. 대통령의 의중을 누구보다 잘 알고 있었던 박 회장은 종합제철소 건설에 대해서 제철소가 성공하기 위해서는 소규모로는 성공하기 어렵고 대규모로 건설해야 유리하다는 의견을 피력한다.[7] 이때부터 박 회장의 제철소 건설 업무가 본격적으로 시작되었다.

1964년 세계 철강생산 능력은 미국 1억1,500만 톤, 소련 8,500만 톤, 일본 2,200만 톤, 독일, 영국 순이었다. 우리나라는 연산 20만 톤 수준이었고 북한은 남한보다 10배가 많은 200만 톤 수준이었다. 1966년 수입해야 할 철강이 45만 톤으로 급격한 산업화에 따른 수요증가를 감안할 경우 제철소 건립은 화급을 다투는 일이었다. 참고로 현재 우리나라 전체 조강생산 능력은 6,000만 톤이고 포스코는 4,000만 톤에 이른다.(2020년 기준) 중국은 10억6,000만 톤으로 전 세계 조강생산량의 56%를 차지하고 있다. 포스코는 세계 6위의 조강생산능력을 가진 회사이다.

문제는 제철소 건설 자본이었다. 세계은행으로부터 차관을 도입하는 철강외교가 시작되었다. 1966년에는 미국 피츠버그에서 한국종합제철소 건설지원을 위한 국제차관단구성회의가 열려 대한국제제철차관단(KISA)이 정식으로 발족하였다. 정부는 기술과 자금문제가 해결되면 종합제철 사업이 곧 현실화될 것이라는 기대에 1967년 6월 포항으로 제철소 입지를 결정하고, 박 회장이 사장이던 대한중석을 실수요자로 선정했다. 서둘러 정부는 1967년부터 부지 매입을 진행하고 힘겹게 주민 이주를 시작하였다. 부지 매입이 마무리될 즈음인 1968년 5월, 제철소 부지에 60평 규모의 목조 2층 가건물 '롬멜하우스'를 신축해 건설본부로 명명하고 본격적인 부지 조성공사를 진행하였다. 모래바람 자욱하게 날리는 영일만에서의 힘겨운 사투가 시작된 것이다.

그런데 정착 차관도입은 난항을 겪고 있었다. 차관 공여국 중에서 실제로는 제공을 꺼리는 나라가 있었기 때문이었다. 이때 박 회장이 대일청구권자금을 전용하는 물밑작업을 벌인다. 1965년 국교정상화 과정에서 한일 양국이 농림수산부문에 주로 투자하기로 합의한 대일청구권 자금 일부를 종합제철 건설자금으로 용도 변경하기로 한 것이다. 그리고 기술도입도 일본철강업계의 기술지원을 받는 방안으로 변경되었다. 결국 KISA와의 차관 조달은 무위로 돌아가고 1969년 하반기, 대일청구권 자금활용방안이 적극적으로 모색되었다. 일본 정부 및 철강사와의 눈물겨운 교섭 과정을 거쳐 1969년 12월 3일 양국 간에 '포항종합제철 건설자금 조달을 위한 한일 간의 기본 협약'이 체결되면서 자금조달과 기술도입 건은 해결되었다.[8] 이때 박 회장의 나이는 42세였다.

1927년생인 박태준 회장은 6세 때 어머니를 따라 일본으로 건너가 와세다대 기계과를 2년을 중퇴하고 1946년 귀국하였다. 이후 육군사관학교를 6기로 마치고 군대에 들어가서 6·25전쟁 때는 중대장으로 참전한다. 1960년 부산군수기지사령부 때 박정희 사령관의 인사참모로 인연을 맺어 1963년 소장으로 예편한다. 1964년 대한중석 사장으로 발령받아 1년 만에 적자였던 회사를 흑자로 돌려놓아 박 대통령으로부터 능력을 인정받는다. 이런 자질과 능력이 포항제철소 건립이라는 국가 중대사 현장에 책임자로 뽑히는 데 영향을 미쳤을 것이다.[9]

이렇게 군에서 쌓아온 인맥과 연줄, 대한중석에서 만난 인재들이 포항제철 창립 요원으로 승계되어 소위 '박태준 사단'의 모태가 되었다. 이 시기만 해도 국내에서 가장 선진적인 조직 체계와 지식을 가진 집단은 군대였다. 6·25전쟁을 치르면서 세계 최강, 최신인 미군의 군대 운영 체계가 그대로 우리나라 군대에 이식되었다. 박 회장은 수차례 미국 연수를 통해 이런 지식과 체계를 누구보다 빨리 습득하고 있었다. 상대적으로 대학과 기업의 경험이 일천하였던 1950~60년대에, 국내에서 군대의 시스템과 군내 젊은 장교그룹이 가장 선진화된 엘리트였음은 부정할 수 없다. 더욱이 박 회장은 공대출신으로 솜씨 좋은 엔지니어 능력을 갖추고 있었고 전쟁 경험을 가진 장교로서 통솔력과 확고한 국가관을 갖춘 인재였다. 40대의 혈기방장한 시기의 박 회장이 최고 권력자의 강력한 지원을 받고 있었다는 것 또한 무시하지 못할 리더십의 원천으로 작용했다.

박 회장은 모든 일들을 동시에 진행할 수 있는 멀티태스킹 능력을 지니고 있었다. 제철소 차관도입을 추진하면서 부지 매입과 회사 설립을 동시에 진행하였다. KISA의 차관이 무위로 돌아갔을 때 대일 청구권자금을 활용하는 기민함도 갖추고 있었다. 제철소 건립 시에도 1기 설비가 준공도 되기 전에 2기 설비를 준비했다. 이런 과정은 포스코가 광양제철소를 완성하는 시기까지 계속 이어진다. 광양제철소 부지가 확정되었을 때 이와 동시에 공사를 진행하였고 포항은 여전히 설비를 확장하고 있었다. 1980년대 초반 포스텍 설립과 공사도 다른 일들과 동시에 진행시키는 괴력을 발휘한다. 요즘말로 탁월한 능력자인 것이다.

위대한 거인의 어깨를 빌려

박 회장이 포스코를 건설하던 1960~70년대 국내 상황은 어떠했을까. 국내 경제의 주축은 아직 농업이었다. 3,000만이 1차 산업인 농사에 매달리고 있던 시점에 제철소 건립은 언감생심이었다. 그것도 자본도 기술도 없는 사정을 감안하면…. 요즘으로 치면 벤처기업인 것이다. 시쳇말로 벤처투자자인 KISA가 뭘 믿고 한국에 짓는 제철소 건설에 투자를 할 수 있었을까 싶다. 그 시절 박 회장을 믿고 포항으로 밀려왔던 수만 명의 젊은이들은 무엇을 목표로 했을까. 그저 나라에서 '조국근대화'를 한다고 하니, 아니 실질적으로는 거기 가면 밥술이나 먹여준다고 하니 몰려들었을 것이다.

1968년 11월 KISA와의 협상이 난항을 겪던 시기, 대통령이 포항 현장을 헬리콥터로 급히 방문하였다. 서울에 있던 박 회장은 군용 경비행기 세스나를 얻어 타고 포항 해병사단에 내려 곧바로 보고를 준비했다. '롬멜하우스' 2층에서 보고를 들은 대통령은 밖으로 나가

2층 난간을 붙잡고 모래바람이 휘몰아치는 공사현장을 바라보고 쓸쓸히 혼잣말을 했다. "이거 남의 집 다 헐어놓고 제철소가 되기는 되는건가" 순간 박태준 회장은 모골이 송연했다고 한다.[10] 이때부터 박 회장은 좋아하던 술을 끊고 결심을 한다. '제철보국'… 제철소를 성공시켜 자기를 믿어준 주군에게 보답하고 그것보다 가난의 굴레, 식민지, 내전을 치른 국민들에게 목숨을 바치겠다는 각오를 세운 것이다. 이 정신이 박 회장이 포스코를 기필코 성공시키게 만든 원천이 아니었을까.

2011년 9월 19일 박 회장이 살아생전에 포항 지곡단지 한마당체육관에서 포스코 재직시설 함께 근무했던 퇴직 직원들과 만남의 행사를 가졌다. 이날 행사에는 박 회장이 재직했던 당시인 1993년 2월까지 포항제철소에 근무했던 직원들 중 포항에 거주하는 만55세 이상의 퇴직자를 초청하여 진행하였다. 370여 명이 참석해 성황을 이루었다. 행사장에 도착한 퇴직 직원들은 오랜만에 만난 동료들과 반가움에 서로 껴안고 악수를 나눴으며 일부는 눈시울을 붉혔다고 한다. 박 회장은 이 자리에서 "눈부신 성장을 이룬 오늘의 대한민국은 여러분의 피땀 흘린 노력이 있었기에 가능했다"며 "청춘을 바쳤던 그날들에 대해 진심으로 감사하며 우리의 추억이 포스코의 역사 속에 조국의 현대사 속에 별처럼 반짝이고 있다는 사실을 잊지 말자"고 말했다. 참석자들은 훌쩍거렸다.[11] 그 후 두 달도 지나지 않아 박태준 회장은 2011년 12월 13일 84세의 일기로 타계했다.

2001년 미국 동부를 여행한 적이 있다. 나는 필라델피아를 경유하면서 필라델피아 시청을 방문하였다. 시청 꼭대기에 올랐다. 놀랍게도 1871년에 세워진 시청 건물 꼭대기에 11m짜리 윌리엄 펜의 동상이 세워져 있었다. 시청 건물은 세워질 당시에 세계에서 가장 높은 건물이었다고 한다. 윌리엄 펜은 17세기 북미 잉글랜드 식민지 펜실베이니아주의 창시자여서 그 시절 그를 기려 시청 맨 꼭대기에 그의 동상을 세운 것이다.

우리나라는 현대 인물의 동상을 세우는 것에 참 인색하다. 그만큼 사후 인물평가에 박하다는 뜻이다. 전국 주요 지역에 있는 동상이라고 해봐야 몇백 년 전 역사 속 인물들이다. 그러나 박태준 회장은 다르지 않을까. 포스텍 경내가 아니라 형산강로터리 제일 전망 좋은 곳에 그의 형형한 눈빛을 새겨넣은 동상이 서 있는 모습을 상상해 본다.

3

성장의 시대,
제철 벤처 시대와 밀려오는 외지인

이제는 없어졌지만 영화가 시작하기 전 '대한뉴스'가 나오던 시절이 있었다. 1970년대 대한뉴스에서는 수천 명의 포항제철 직원이 노란 작업복을 입고 헬멧까지 쓰고 출퇴근하던 화면이 있었다. 한마디로 장관이었다. 우리나라 경제성장의 상징처럼 여겨지던 장면이다. 1970~80년대 포항시가지에서 형산강을 건너 포항제철소로 가는 형산강 다리는 자전거 체증으로 힘들었다. 불어나는 직원에 비해 통근버스나 대중교통이 턱없이 부족해서 회사에서는 국내 굴지의 자전거 회사와 협약하여 자전거를 구매, 지급했다. 당시 월급이 5~6만 원 하던 시기에 자전거가 한 대당 1만2,000원이었기에 지금의 승용차처럼 귀하게 여기며, 뿌듯해했었다.

달라진 포항의 풍경
갑자기 불어난 자전거로 자전거 자가용 시대가 온 것처럼 보였다.

시내는 자전거 전용도로가 생기고, 자전거 수리상, 자전거 거치대들이 여기저기 생기면서 술집, 식당, 유흥업소들로 시내가 붐비기 시작했다. 특히 자전거 물결은 떠오르는 아침 일출과 형산강 물빛이 어우러지면서 찬란한 풍경을 연출해 냈다. 그 시대를 상징하는 풍경이었다.[12]

포항종합제철근로자 통근자전거행렬

포항제철은 자전거와 함께 직원전용 통근열차도 운행했었다. 한국철도공사와 협약 아래, 1975년 객차 2량을 기부 체납받아 운행하였다. 포항역, 효자역, 괴동역, 제철역을 1일 10회 왕복하였다. 제철소 특성상 24시간 고로를 가동해야 하기 때문에 제철소는 쉬지 않고 돌아갔고 현장직 직원들 역시 2교대, 3교대로 근무하였다. 포항역에서는 시내 직원들이 타고, 효자역에서는 포항제철 효자주택단지 직원들이 탔다.

그때 직원들이 거주하던 곳은 직원주택단지로 개발된 효자주택단지와 형산강 다리 건너 제철소와 가까운 해도, 상대, 죽도동이었다. 포철은 1968년 9월 포항시 효자지구에 20만 평을 구입하여 사원용 주택단지 조성공사와 외국인 기술자를 위한 주택공사를 시작하였다. 이듬해에는 효자지구에 15만 평, 포철 정문과 인접한 인덕동에 6만4,000평의 주택부지를 매입하고 정문 앞 동촌동에 독신자용 주택부지 2만5,900평을 추가로 확보한다. 제철소도 짓기 전에 땅 사서 주택부터 짓는다고 국회에서 난리가 났었다.[13]

이때 건립된 5층짜리 국민주택 규모의 아파트 이름이 재미있다. 화목, 인화, 장미, 승리아파트 등으로 불리었다. 이렇게 우여곡절 끝에 효자에 지어진 사원주택에서 출퇴근하던 직원들이 자전거와 통근열차를 이용하였다.

포항인구 변화 추이

단위 : 명

연도	1968	1973	1976	1980	1983	1986
인구수	71,780	108,854	151,891	201,355	244,542	276,161

자료 : 포항시사, 포항시사편찬위원회 1999

포항제철소 변화 추이

단위 : 명, 억원, 천톤

연 도	1968	1973	1976	1980	1983	1986
조강량	0	449	2,083	5,903	8,438	9,530
매출액		9.8	1,799	9,584	17,507	22,416
영업이익		83	333	1,893	2,720	3,705
직원수	101	3,973	7,465	14,669	14,488	18,910

자료 : 포항제철20년사,1988.12 포항종합제철주식회사

급격히 성장하는 기업도시

이 시기 포항은 급격한 변화를 겪는다. 1968년 7만 명에 불과하던 인구는 1973년 10만을 넘어 1976년 15만(151,891명), 1980년 20만(201,355명)을 넘어 1986년에는 27만 명을 넘어섰다. 제철소가 급격하게 자리를 잡은 것에 기인한 것이다. 제철소 직원은 101명에서 시작하여 1976년 7,400명, 1983년 14,488명, 1986년에는 18,910명에 이를 정도로 폭발적으로 증가한다. 물론 포항시 인구 증가에는 포항시의 영역이 넓어지면서 주변부가 편입된 결과이기도 하다. 그리고 포항시 외곽에 1968년 20만 명 수준을 유지하던 영일군 지역의 배후 인구가 포항시로 편입되었다. 농·어촌 지역의 인구가 포항시내의 상·공업 인구로 전환된 것이다.

그 시절 포항제철을 다니던 직원들(특히 현장직)을 '노랑 병아리'라고 불렀다. 월급날이 되면 해도, 송도, 오거리 주변의 식당과 주점은

불야성을 이루었다. 제철소 사원증으로 웬만한 곳은 외상이 되었다. 월급날이 되면 거래은행은 마비될 지경이었다. 토요일 저녁 즈음 오거리 시내에는 주말휴가 나온 해병대와 제철소 직원들이 어울려 흥청거렸다. 싸움이라도 벌어지기라도 하면 도심 거리는 난장판이 되었다. 전형적인 '남초도시'의 모습이었다. 그 시절 스트레스를 해소하는 방법이라야 술을 먹고 여급이 나오는 도심의 유흥술집에서 여흥을 달래는 것이 주종이었다. 영일만 바닷가는 유사 이래로 가장 많은 사람들이 모여드는 도시가 된 것이다.

포철은 1983년 5월, 4기 2차 설비사업을 완료함으로써 910만 톤 생산체제를 완료하였다. 이 공사를 전후해 국내외 건설경기가 안정됨에 따라 인원 및 장비동원이 순조로워 연인원 114만 명과 장비 1만 6,290대를 적기에 투입하였다. 설비 공급은 국내 업체를 비롯해 일본, 독일 등 3개국 15개사, 설비 제작은 3개국 19개사, 시공은 신화건설 등 9개사가 담당했다. 포철은 4기 설비를 준공함으로써 단위 설비 규모, 신예도, 건설 단가, 생산성, 생산 원가 면에서 세계 최고 수준에 올랐다. 1968년 창립 이래 15년간 추진한 영일만 대역사가 일단락된 것이다.[14]

이 시기 포철의 경영성과는 눈부시다. 매출액은 1976년 1,799억 원에서 1986년이 되면 2조2,000억 원을 넘는다. 1986년까지의 매출은 포항제철소에서만 발생한 매출이다. 그다음 해부터는 광양제철소 생산액도 포함된다. 놀랍게도 영업이익률은 매 시기 15%를 넘는다. 요즘으로 치면 제철산업에서 포항제철이라는 벤처가 '대박'을 친 것이다. 제철소도 포항도 용광로처럼 거대하게 끓어오르던 시기였다.

'노랑 병아리'에 대한 시민들의 태도는 이중적이었다. 그들 때문에 포항의 경제가 돌아가고 있음을 부인할 수 없었지만 질시와 부러움이 섞인 묘한 감정이 존재했다. 포철 직원들의 자부심이 지나쳐서 '선민의식'으로까지 비쳐지면서 포항 토착민들은 시기심이 발동하기도 했다. 모든 먹고사는 것이 포항제철과 철강공단 중심으로 돌아가면서 지역의 토착경제인 중에서 발빠르게 운송협력사로 기회를 잡는 부류들도 생겨나기 시작했다. 기를 쓰고 포철의 노란 제복을 입으려는 사람들도 늘어갔다. 포항 주변 농촌지역에서 농사짓는 것보다 제철소 설비 공사에 현장직으로 투입되는 것이 생계에 도움이 되는 때였다.

포철과 같이 들어온 인력들은 외지인들이 많았다. 사무직들은 새로 유입되는 엘리트였고 현장 노동자 또한 포철에서 만든 '제철공고'를 졸업한 인력들로 채워졌다. 이런 과정에서 도시의 지배체제에도 변동이 생겨났다. 포항만의 거버넌스가 형성되기 시작했으며 특유의 작동 방식이 구체화되기 시작했다.

그즈음 나는 형과 함께 대구에서 공부를 하고 있었다. 일찍이 자식교육에 힘을 기울이신 부모님 덕택에 1980년, 형과 함께 대구로 유학하였다. 그런데 부모님은 교육비를 대는 것이 힘드셨던 모양이다. 애써 장만하신 논도 팔고 하시다가 내가 고등학교 3학년이 되던 1986년에 빚을 내어서 '소고기 갈비집'을 여셨다. '포도 기술자'이셨던 아버지가 그때 하셨던 독백이 생각난다. "이제 돈 세상이 된 거다. 이거라도 해야 너희들을 교육시킬 수 있다" 며 길게 담배연기를 내뿜으시며 말씀하셨다. 갈비가 어떻게 유통되고 식당운영이 어떻게 되는지도 모르셨던 부모님은 그야말로 좌충우돌하셨다. 나는 방학때면 '봉고차'를 몰고 포철 1문, 2문, 3문 등 지정하는 곳으로 직원들을 태우러 다녔다. 연말이 되면 식당은 예약으로 만원이었고 1인 밴드 마스터(일명 오부리) 섭외 여부가 그해 연말 장사의 최고 관건이었다. 그때 불고기 1인분은 1,400원, 양념갈비 1인분은 2,400원 수준이었다. 우리집도 포철 경제의 도움을 받은 것이다.

어려움이 많았지만, 그 덕에 나는 대학을 아르바이트하지 않고 편하게 다닐 수 있었다. 아버지도 식당을 개업하신지 1년 만에 중형차인 '소나타'를 타고 다니는 사장님이 될 수 있었다.

4

포항, 새로운 지배계층의 형성과 역할 분담

　몇 년 전에 퇴직을 앞둔 경상북도 과장님과 식사를 같이하다가 지방자치제 도입 이전의 포항에 대한 추억담을 들었다. 포항시가 경상북도 하부의 행정 단위로 있을 때 포항시장은 3급 부이사관이 오던 자리였다고 한다. 그런데 경쟁이 치열했단다. 포철에서 제공하던 '거마비'(요즘의 업무추진비)가 월급보다도 많아서 그랬단다. 한마디로 돈이 돌던 곳이었으니 그렇게 포철이 민원(?)을 해결했던 모양이다. 포항의 또 다른 국가기관이었던 해병대 사단장도 '투 스타'로 행정기관의 1급 대우를 받았다. 육사를 나온 대위가 사무관으로 특채되던 시절이었으니 말해 무엇할까.

　기업도시 포항에서 벌어지던 권위주의 시대의 풍경이다. 하기야 포철이 국영기업으로 사장이 차관급으로 대우받고 있던 시절이었다. 국가 프로젝트였던 포철 설립을 생각한다면 박 회장이 포철은 물론 실질적인 포항의 통치자였다고 보는 것이 맞다. 그게 시민들에게도 자연스럽게 받아들여졌다. 포항시청과 지방공무원은 포철 건설의 보조적인 역할로 기능했다. 역사적으로 포항은 전통적인 행정 중심의 도시가 아니었다. 오랫동안 이 지역에서는 경주가 그런 역할을 했었다. 포항은 식민지를 거치면서 어항과 군사도시로 인구를 늘려가던 소도시였다. 박 회장이 포항시청에 방문이라도 하는 날이면 시청은 시장을 비롯한 전 공무원이 그를 영접하느라 난리가 났다는 이야기가 전설처럼 전해 온다. 지금 생각하면 '웃픈' 이야기이다.

그렇다고 경상북도나 포항시의 지방행정 조직의 역할을 간과해서는 안 된다. 포철 건설 초기, 지금의 포항북부소방서 2층에 건설부의 '포항공업 지구 공사사무소'가 개설되었다. 사무소는 항만 건설과 부지매입, 토지보상, 주민이주 등의 민감한 업무를 수행했다. 경상북도와 영일군, 포항시 등 지방 행정조직은 지역주민의 개발 갈등이나 민원 등을 직접적으로 해결하는 험한 일을 몸 사리지 않고 처리했다.[15]

이 시기 포항의 경제를 이끌던 포항상공회의소 임원 구성을 보면 흥미롭다. 1967년부터 1773년까지 회장을 맡았던 오실광 회장은 지역에서 수산업을 하던 사업가였다. 제철소 유치에 앞장선 인물이기도 하다. 상공위원들은 죽도시장 중심의 상업인, 양조장 대표, 도정업자, 운수업자가 주류를 이루었다. 공업이 아니라 상업 중심이었다. 이후에 상징적인 인물이 등장한다. 1973년부터 1988년까지 15년 동안 상의를 이끈 강신우 회장이다. 영덕사람인 강 회장은 1965

년 삼일운수를 설립했는데 포철로부터 일감을 받으면서 급격하게 성장한다. 현재도 '삼일그룹'으로 여전히 포스코의 운송 업무를 담당하고 있다. 삼일은 지역에서 운수, 언론, 금융, 교육 사업을 운영하고 있다.[16] 참고로 강 회장은 3선 국회의원을 지낸 강석호 의원의 부친이고 작고하신 영화배우 신성일의 이복형이다.

강 회장이 회장을 맡으면서 포항상공회의소는 급격히 역할을 넓혀갔다. 그리고 임원 구성도 변했다. 포철의 입장에서도 지역에서 성공적으로 일을 추진하기 위해서는 지역 파트너가 필요했을 것이다. 포항에 철강연관단지가 생겨나면서 여러 하청업체들이 입주하고 철을 가공하는 업체들도 자리잡기 시작한다. 포항상의는 이런 업체들의 구심점으로 역할을 했고 포철은 이들과 적절히 경제적 이해관계를 나누면서 관계를 형성해갔다. 강 회장이 이런 역학 관계를 잘 조정해나갔다.

포항제철 중심의 지역 경제 시스템

그렇지만 포항상의는 결코 독립적인 활동을 하지 못했다. 포철에 의해서 유지 운영되는 기업도시에서 보조적인 역할을 했다. 1976년 포항철강공단과 강원산업이 회원업체로 참여한다. 1988년에는 포철이 정식 회원업체가 되어서 활동하기 시작하였다. 포철 산하의 계열사와 협력사들이 가입하면서 상의의 활동도 활발해졌다. 그러나 상의가 자체적인 활동과 포철에 대한 견제의 역할은 다하지는 못했다. 지금도 큰 틀에서 그런 역할 관계는 유지되고 있다.

포항을 경제적으로 주도하던 포철의 주요 멤버들은 외부에서 들어온 엘리트라는 특징을 가지고 있다. 박 회장은 대한중석, 육사 등에서 직·간접적으로 인연을 맺었던 전문가들을 섭외하여 중요한 자리에 임명하여 회사를 꾸려나갔다. 포철의 현장 근로자들도 전국 각지에서 몰려든 사람들이었다. 뚜렷한 토착의식, 지역색을 가지고 있지 않았다. 연관단지에 형성되기 시작한 협력업체와 철강 가공업체들도 역시 외지에서 들어온 자본과 기업가들이었다. 박 회장이 벌려놓은 판에 성공을 꿈꾸며 뛰어든, 기술보다는 투지가 앞서는 인간군상들이었다.

지금은 포항에서 굴지의 사업체를 운영하며 '그룹'을 일군 김 회장으로부터 이런 이야기를 들은 적이 있다. "포항은 텃세가 없는 지역이다. 적어도 사업을 하는 데 있어서는 능력과 실력에 의해서 평가받았다. 그래서 한편으로는 편하게 사업할 수 있었다" 물론 100%는 아니지만 외지 엘리트에 의해서 형성된 포철의 지역 경제시스템이 합리성을 갖추고 있었다는 방증이기도 하다. 이렇게 포항을 움직이는 통치시스템과 경제시스템은 철저히 포항제철에 의해 작동되는 체제로 형성되어 간다. 그 꼭대기에는 박태준 회장이 있었다.

포항경제를 이야기하면서 작고한 황대봉 대아그룹 회장을 배놓을 수 없다. 1967년 버스사업으로 시작한 사업은 주유소, 택시업, 전세버스 사업으로 성과를 올린다. 결정적으로 그에게 막대한 부를 안

겨준 것은 부동산 개발, 토지구획정리 사업이다. 현재 상대동, 장성동, 오천 문덕 토지구획사업이 그의 작품이다. 1985년 지금 위치에 건설된 포항시외버스터미널도 그가 주도하여 만들었다. '강남 이남에서 최고의 현금부자'로 통하던 그는 12대, 13대 전국구 국회의원(1985년~1992년)을 역임하였다.[17] 여러번 당적을 바꾸어 뚜렷한 실세 정치인으로서의 이미지는 많지 않다.

박태준 회장과 황대봉 회장은 정치적으로나 사업적으로 서로 유기적으로 협력하던 관계였던 것으로 파악된다. 포철 주택단지였던 지곡단지 인근의 상대동 일대를 개발한 것도 포철의 움직임을 누구보다도 잘 파악하고 있던 황 회장의 감각이었다.

박 회장은 포스텍 부지확보 과정에서 황 회장으로부터 많은 도움을 받았다. 포철이 포스텍 부지 안의 이주 주민들과의 보상금 합의에 실패하자 지곡동과 상대동 부지를 맞교환하여 이 문제를 해결했다. 상대동 부지의 가격이 훨씬 높았으나 황 회장이 결단을 내려서 해결한 것이다. 두 사람은 협력관계를 가지면서 도시성장을 주도했다. 예전만 못하지만 대아그룹은 여전히 지역에서 향토기업으로 언론, 교육, 레저, 운수사업을 영위하고 있다.

내가 중학교를 다니던 1980년대 초반, 방학 때면 시내 도서관을 이용하곤 했다. 그런데 변변한 도서관이 없었다. 덕수동에 1960년대에 지어진 작고 낡은 도서관 열람실에서 공부하던 기억이 있다.(그

건물은 문화원으로 쓰이다가 지금은 허물어지고 시내버스 환승센터가 되었다) 다행히 1986년에 황 회장이 영암도서관을 지어 포항시에 기부하면서 모양을 갖춘 도서관을 갖게 되었다. 위치가 남구 대도동이어서 접근성은 떨어졌다. 아마도 황 회장 소유의 자투리땅을 활용해서 그랬을 것이라 추측해본다.

5

포항의 꿈, 4년제 대학 설립

1980년 6월, 형과 나는 학업을 위해 대구로 유학을 가게 된다. 아버지가 교육열과 그 시절의 분위기에 편승하여 과감하게 결정을 내린 것이다. 나는 초등학교 6학년, 형은 고등학교 1학년이었다. 형은 포항고등학교에 입학을 한 상태로 전학을 가게 되었다. 공부를 곧잘 했던 나 때문이었던지 아버지는 대구 유학을 거칠게 밀어붙이셨다. 철이 없던 나는 펼쳐질 불확실한 미래에 대한 고려도 없이 대처에 간다고 하니 좀 들떠 있었다. 형은 그때 처음으로 아버지에게 대들었다. 이제 막 진학한 고등학교에 초등학교, 중학교부터 같이 지내 온 친한 친구들이 있어서 지내기 좋다고 했다. 무엇보다 본인은 그렇게 공부를 잘하는 편이 못되니 유학 갈 필요가 없다고 조리있게 설명했다. 40대의 아버지는 포항에서는 제대로 대학을 갈 수 없다고 핏대를 세워가며 큰아들을 몰아세웠다. 결국 아버지가 이겨서 우리는 신혼살림을 시작한 친척 집에서 대구살이를 시작하게 되었다.

1970년대 중반, 고등학교 평준화가 시작되면서 지방의 거점도시는 주변의 중소도시, 군 단위에서 몰려오는 학생들로 북새통을 이루었다. 포항에서 보면 대구가 거점도시여서 우리 시골에서도 살림깨나 하는 집에서는 대구에 유학을 보냈다. 우리 집도 그 대열에 합류한 것이다. 포항에 고등학교가 있었으나 대학입시를 '나이스'하게 치를 만한 시스템은 갖추지 못했다. 그런데 얼마 지나지 않아 상황이 바뀌었다. 전두환 정권이 들어서고 과외가 금지되고 오로지 '학력고사'에 의해서 대학에 가게 되면서 포항의 고등학교도 돌파구를 찾기 시작했다. 포철의 설립으로 밀려드는 인구와 새마을 운동으로 사는 형편이 나아지면서 그다음으로 교육열풍이 불어닥친 것이다. 이건 전국적인 현상이었고 아직도 계속되고 있는 우리나라의 특징이다.

박태준과 김호길의 운명적 조우

포항에서 4년제 대학을 유치하자는 논의는 1980년대 초부터 꾸준히 제기되었다. 포항전문대학교가 있었으나 2년제 대학이어서 열화와 같은 시민의 교육열을 수용할 수는 없었다. 그 욕구의 포문을 연 것은 포철의 박 회장이었다. 포항제철소 4기 2차 준공이 완료되고 1970년대 말부터 진행되었던 광양제철소 건립이 본격적으로 진행되었다. 제철소 사업은 곡절이 있었지만 순조로웠다. 마침내 박 회장은 그동안 꿈꿔왔던 새로운 프로젝트를 개시하였다. 우수인재

육성으로 국가발전에 이바지하기 위해 포항지역에 4년제 대학을 설립한다는 구상을 구체화시키기 시작했다. 제철보국을 넘어 '교육보국'의 기치를 내건 것이다. 직원 자녀들의 교육을 위해 설립되어 초·중·고등학교를 관리하던 제철학원은 독자적으로 대학을 설립하기로 한다. 개설학과는 포항제철과 국내 산업체가 필요로 하는 공과계로 한정해 1985년 문교부에 설립계획을 제출했다. 그해 2월 포철이 설립 주체가 되어 대학설립추진반을 구성한 데 이어 3월에는 대학설립추진본부로 확대 개편하고 4월에는 학사계획을 확정했다. 1985년 7월 4일 문교부로부터 대학 설립계획을 승인받았다. 전광석화처럼 일을 추진하였다.[18] 이렇게 설립된 대학이 포항공과대학교이다.

박태준과 김호길

포항공대 설립에 김호길 박사 이야기를 하지 않을 수 없다. 대학 설립추진본부장을 맡아 동분서주하던 이대공 부사장은 럭키금성그룹(현 LG그룹)에서 추진하던 연암공대 설립을 위해 진주에 내려와 있던 김호길 박사를 소개받는다. 안동출신으로 영국과 미국에서 공부한 저명한 물리학자였던 김 박사는 럭키금성의 요청으로 귀국하면서 조국에 세계적인 공과대학을 만들겠다는 포부를 가지고 있었다. 그러나 이 과정이 여의치 않자 포철에서 김 박사를 삼고초려하여 대학설립과 운영의 중책을 맡긴 것이다.[19] 그때 김호길 박사와 박 회장이 나누었다는 대화의 한 대목이다. 박 회장이 대학 운영을 맡아달라고 요청하자 김 박사는 "철강은 언젠가는 사양화됩니다. 만약 제가 맡게 된다면 지금은 포항제철 부설 포항공대지만 나중에는 포항공대 부설 포항제철이 됩니다"라고 대답했다.

김 박사가 1985년 8월 제철학원 소속의 총장요원으로 부임하면서 학교설립은 본격화된다. 부지조성 공사를 포함해 대학건물 건설은 1985년 8월에 시작됐으며 기술연구소를 포함한 마스터플랜 최종안을 1985년 11월에 확정하고 캠퍼스 건설공사에 돌입했다. 학부 개교는 1987년 3월이고 대학원 개교는 1988년 3월이었다. 그때까지 캠퍼스는 물론 기숙사 및 교수아파트, 복지시설인 지곡회관 등을 제철소 건설과 같은 '돌관작업'을 진행하여 완성하였다.

대학설립에 있어 무엇보다 중요한 문제는 역량있는 교수의 초빙이었다. 김호길 박사를 초빙한 이후, 해외에서 교수 초빙을 위한 현지 홍보활동을 대대적으로 전개해 개교 시까지 중진교수를 포함해 66명의 교수를 확보했다. 교수초빙과정을 들여다보면 눈물겹다. 영입 대상을 전 세계 한인 과학자를 대상으로 추려보니 대략 4,000명 정도가 되었다. 이 중 미국에 57%가 거주하고 있었다. 김 박사와 이 부사장은 1985년 9월 10일부터 10월 11일까지 30일 동안 미국 15개 대학, 영국 4개 대학, 독일 2개 대학, 프랑스 1개 대학 등 세계 유수의 대학을 순회하면서 450명의 교포 교수들을 만나 설명회를 개최하며 일일이 접촉하였다. 설명회에서는 박 회장이 군대식으로 직원들의 '쪼인트'를 깐다는 소문에 대한 해명부터 포철의 대학운영의 진심에 대한 논의까지 여러가지 말들이 오갔다. 마지막 순서에서 김 박사의 호소가 심금을 울렸다. "여러분, 유학을 왔습니까? 이민을 왔습니까? 이민을 온 사람들은 남으시고 유학을 온 사람들은 공부가 끝났으면 조국으로 돌아갑시다. 한국에서의 일류대학은 이것이 마지막입니다" 장내는 숙연해졌다. 빠르게는 1960년대부터 1980년대 중반까지, 전쟁 후 폐허가 된 조국을 등지고 오로지 머리 하나만 가지고 그때까지 분투하고 있던 재외 한인과학자들의 마음이 조금씩 움직였다.

이런 각고의 노력이 결실을 맺어 우수한 과학자와 공학자들이 아무것도 없는 궁벽한 포항, 지곡벌판에서 새로운 도전을 시작하게 되었다. 포항공대는 1987년 우수한 입학생 249명을 모집한 가운데 성공적인 입학식을 거행했다. 1988년에는 대학원 개설을 신청하여 정원 144명의 대학원 개설인가를 받고 신입생을 모집하였다. 국내 최초의 연구중심대학이 첫발을 내디딘 것이다.

물론 우수한 성적을 지닌 전국의 수재들이 가정형편 때문에 대학 진학을 못하고 있는 부분을 적극 공략한 것도 성공의 요인이었다. 전교생 장학금 지급과 기숙사 생활은 당시로서는 파격적인 조건이었다. 1980년대 넘쳐나던 학생들로 몸살을 앓던 전국 명문 이·공과대의 형편을 감안하면 새로 지어진 건물, 최첨단 연구 장비, 낮은 교수 1인당 학생 비율 등의 조건은 포항공대의 큰 장점이었다.

시민들의 다른 생각, 한동대학교의 탄생

포항공대가 성공적인 모습으로 자리 잡아갔지만 포항지역에 포항공대를 바라보던 사정은 좀 달랐다. 1985년 포항공대 설립이 인가되자 시민경축대회를 열어서 환영했지만 박 회장이 소수 이공계 엘리트를 대상으로 하는 특성화 대학인 공과대학을 설립하자 반발이 터져 나왔다. 지역민들의 자녀들이 외지에 가지 않고 다닐 수 있는 종합대학을 꿈꾸고 있었는데 포항공대는 이 방향과는 맞지 않았다.

그즈음(1982년 2월) 설립된 포항지역발전협의회는 창립발기문에서 당면문제 7가지를 언급하면서 '포항에 4년제 대학을 유치하여 문화도시로서 그 수준을 높이는데 진력하고자 한다'고 언급하고 있다. 포항시민의 4년제 대학 유치가 얼마나 간절했는지 알 수 있는 대목이다. 시민들은 1989년 '포항지역 4년제 대학설립추진위'를 구성하고 활발한 활동을 벌였다. 마침내 추진위는 1991년 지역 사업가인 유봉산업 송태헌 씨의 사재 320억 원을 출연받았다. 추진위는 흥해읍 남송리에 학교부지 23만 평을 매입하고 대학설립에 박차를 가하였다.

이런 논의는 한동대학교 설립으로 결실을 맺었다. 1992년 8월 대학설립계획이 인가되고 학교법인이 설립되었다. 1994년 1월 초대 총장으로 카이스트 교수였던 김영길 박사가 내정되고 1994년 12월 10개학과 400명 정원으로 한동대학교 설립인가를 받아 1995년 3월 입학식을 거행하였다. 설립시기 재단의 운영자가 바뀌는 우여곡절을 겪기도 하였다.

우연인지는 모르겠으나 한동대학교 설립 시 대학설립본부장으로 활동한 이태우 씨는 포항공대 설립본부장을 맡았던 이대공 부사장의 형이다. 한동대학교 초대 총장으로 부임한 김영길 박사는 포항공대 초대 학장이었던 김호길 박사의 동생이다. 포항의 4년제 대학 설립에는 묘한 인연과 혈연들이 얽혀 있다.

1987년 대구에서 1단계 학업을 마친 우리 형제는 진학과 취업으로 각자의 길을 나선다. 경북대학교 전자공학과를 졸업한 형은 삼성전자에 취업하여 기흥공장에서 반도체 엔지니어의 삶을 살아간다. 고려대 경영학과에 진학한 나는 서울에 진학하게 된다. 세월이 지난 후에 아버지는 이런 말씀을 수차례 하셨다. "내가 참 운이 좋았다.

초등학생과 고등학생을 부모 손을 떠나 객지에서 살게 했다는 것은 지금 생각하면 큰 모험이다. 정말 자식을 내던진 것이나 마찬가지다. 지금 생각하니 아찔하구나. 너희들이 그래도 엇나가지 않고 잘 자라주어서 다행이다" 형이 받는다. "우리가 그때 포항에서 공부했다고 지금 학교에 진학하지 못했겠어요. 어쩔 수 없으셨겠지요, 잊어버리세요" 지금 생각해도 안도의 한숨이 새어 나오는 가족사이다. 한마디로 운이 좋았다.

포항은 1980년부터 과외공부가 없어진 틈을 비집고 지역의 포항고, 포항제철고 등 고등학교들이 진학에 탁월한 성과를 내기 시작했다.

인생과 역사는 그때그때의 판단과 선택에 의해서 결정된다. 조금의 운도 작용하면서 말이다. 포항이 박 회장이나 김호길, 영길 형제, 이태우, 대공 형제를 만난 것은 분명히 좋은 운이 작용한 것이리라.

6

제철노동자의 탄생,
포철공고에서 만난 사람들과 인생행로

대학시절 운동권 가요로 집회현장에서 자주 불리던 '철의 노동자'라는 민중가요가 있다. 1990년 안치환이 독립영화 '파업전야'의 OST로 만들었다. '내 하루를 살아도 인간답게 살고 싶다. (중략) 단결투쟁 우리의 무기, 너와 나 철의 노동자' 친구들과 이 노래를 어깨 걸고 힘차게 부르던 기억이 있다. 강력한 선동성에 파업을 독려하는 메시지가 선명하다. 특히 마지막 '너와 나 철의 노동자' 대목이 아직도 흥얼거려진다.

현장 기능인력의 산실

진짜 '철의 노동자'는 무엇을 했을까. 어떻게 형성되었을까. 그들은 인간답게 살기위해 '파업'을 했을까. 철의 노동자를 제철소 노동자로 한정시키는 것에는 무리가 따르지만 포항제철소를 건설하고 현장을 일터로 평생을 지킨 현장 노동자들의 삶을 살펴보자.

포철의 현장노동자는 포항제철공업고등학교 출신이 많다. 현재도 마이스터고(2012년 선정)로 선정되어 여전히 현장 전문기능인력을 양성하고 있다. 포철 창립 이후 포항에서는 공업계고등학교 설립 필요성이 제기되었다. 산업체에 우수기능인력을 공급한다는 취지 아래 지역 인사였던 이명석(이대공 포철 부사장의 부친) 씨가 중심이 되어 학교 건립추진위원회가 결성되어 1969년 공립 포항공업고등학교 설립인가를 받았다.

1970년 포항공업고등학교로 개교하였으나 교사도 없었다. 포항고등학교의 교실을 빌려 금속과 1학급, 기계과 2학급 총 180명 정원으로 시작하였다. 1971년 포항시 득량동에 교사를 마련하고 이전하였다. 교문의 입간판에 '공업입국의 역군이 되자'라는 슬로건을 걸었다. 설립 때부터 포철과 연관업체에 인력을 공급하는 것이 목적이었던 것이다. 그러나 포철의 성장이 가속화되자 인력공급은 턱없이 부족하였다. 포항공고는 문교부로부터 특수목적 공고로 전환하기 위해 '포항제철공업고등학교'란 교명 변경 승인을 받고 1978년에는 특수목적 공고 지정을 받았다. 당시 실업계 특수목적 고등학교는 포항제철공고, 수도전기공고, 금오공고, 대한중석공고 4개교뿐이었다. 포항제철공고는 특수목적고로 전환된 뒤 신입생 선발을 도단위 모집에서 전국단위 모집으로 확대해 우수한 학생을 유치할 수 있는 길이 열렸다. 이런 노력에도 불구하고 인력수급 문제가 여전히

개교 초기의 포철공고

발생하자 포철은 1978년 학교를 인수하는 결정을 내렸다.[20]

1978년 7회 졸업생 591명을 배출하여 산업현장으로 보냈고 사립화 이후 전국 각지에서 신임교사 30여 명을 공개 채용하여 새로운 학교의 전통을 수립하는 기틀을 마련하였다. 1981년에는 양학동 구 교지에서 포항시 지곡동 제철학원 학교단지로 이전하였다. 새로운 교사에서는 제철소와 동일한 모형을 가진 실습실에서 현장교육을 진행하였다. 포철에서 직접 학교에 나와 실습모형을 제작하고 학생지도활동을 병행하였다. 이때 개설된 과는 제선과, 제강과, 압연과, 기계정비과, 전기계장정비과였다. 야간학과도 개설되었다. 5천

년 동안 농사만 짓던 자손들, 특히 베이비부머 세대들은 이런 과정을 거쳐 산업화 인력으로 변해갔다.

학교는 우수 학생을 유치하기 위하여 1979년의 경우 중학교 3년 석차 10% 이내, 학교장 추천을 입학조건으로 내세웠다. 이때 모집한 학생들에게는 모두 기숙사를 제공하고 입학금과 수업료도 차등하여 면제하였다. 이런 장학수혜 혜택은 1980년대 내내 시행되었다. 병역특례도 무시하지 못할 혜택이었다. 포철 등 산업체에 5년 동안 근무하면 병역이 갈음되었다. 1982년에는 졸업생 전원이 포철에 입사하는 기록을 세웠다. 명실상부한 포철 기능인력 공급의 전초였던 것이다.

1970년대 전국 대학진학 비율은 10% 정도여서 포항지역과 인근에서는 특별하게 공부 잘하는 경우에는 '연합고사'를 보아서 대구로 진학하였다. 그렇지 않은 경우에는 포항공고, 동지상고, 포항고 등으로 진학하였다. 포철공고는 이미 포항제철에 70% 정도는 취업해 가는 편이라 상대적으로 입학경쟁률은 높았다. 특수목적고가 된 후에는 우수교사 확보, 소수정예 교육, 기숙사 운영 등 내실이 배가되어 전국단위로 명성이 높았다.

제철학원은 1981년 포철공고에 야구부를 만들어서 성과를 내기도 했다. 프로야구 시작 전 고교야구 전성기 시절, 포철공고는 경북을 대표하는 고교야구팀이 되었다. 전국대회에서 좋은 성적을 내기라도 하면 해병대 군악대가 앞장을 서고 지프차를 타고 시내를 카퍼

레이드했다.

시대조류와 도·농간 빈부의 격차가 해소됨에 따라 1988년도부터 장학금 수혜 폭은 줄어들었다. 병역특례도 일반 공고와 같이 정부 허가 범위 내로 조정되었다. 개설과도 제철산업 일변도에서 전자통신과, 자동차과가 신설되었다.

포철 현장에 포철공고 인력이 늘어나면서 부정적인 요소도 대두되었다. 포철공고 출신이 일반 타 공고 출신이나 직원훈련원 출신보다 전문지식 기능 면에서는 월등하게 우수하지만 직무태도, 근무자세, 정착성, 책임의식, 직무만족도, 인간관계 등에서 낮은 수준으로 나타났다. 특히 업무 내용을 익혀 알 만하면 대학 진학에 관심을 갖고 퇴직하는 경우가 빈번하였다. 또한 상사보다는 학교 선후배간의 이상응집 현상이 나타나 임원진에서도 걱정하기 시작했다. 이런 문제들이 반영되어 공고 졸업생의 포철 100% 취업은 변경되어 70%로 낮아졌다. 성적에 구애됨이 없이 전원 입사를 보장한 결과 학습 경쟁 유발 요인이 없어지고 회사에서도 근로의욕이 없어진 것으로 판단한 것이다. 학력등급에 따라 장학금과 취업을 차등하는 시스템을 도입하면서 이런 부작용은 줄어들었다. 포철도 공고출신의 비율을 일정비율 조정하는 정책을 도입하여 특정 집단 쏠림 방지, 노사 문제 대응에 활용하였다.[21]

1976년 입학하여 포철에서 근무하다 공무원으로 전직하여 사무관으로 퇴직한 졸업생은 이렇게 회고했다. "시내지역과 인근 읍면 지역에서 학생들이 몰려들었는데 다행히 제선과에 들어갔다. 제선과 동기생은 120명이었는데, 졸업 후 85명 정도가 포철에 취업해서 근무했다"며 "작년부터 포스코에서 은퇴하는 나이인데 40명 이상이 포스코에서 정년을 맞은 것 같다"고 말했다. 동기간의 정도 두터워서 아직도 제선과 동기모임을 한다고 했다. 회고가 이어진다. 그때 포철에서는 전국에서 모여든 현장기능인력이 있었는데 포철공고 인력이 30% 정도 되었고 다른 지역 공업계 고등학교 출신도 30%였다. 나머지는 직업훈련학교 출신들이 채웠다. 자부심도 대단하여 졸업동기 중에 '기성'(포철에서 철강분야에서 세계적인 수준의 전문성과 노하우를 갖춘 현장 직원에게 부여하는 명장)이 배출되었다고 자랑하였다. 본인은 뜻한 바 있어 대학에 진학하고 공무원이 되었다고 했다. 포철에 들어갔다가 대학 진학, 자영업 등으로 진로를 변경한 경우도 반은 되는 것 같다고 했다.

노동조합 없는 포항제철

1987년 노동자 대투쟁 시기 전국단위의 공장에서 노조결성 바람이 불었다. 포철도 예외일 수 없었다. 박 회장은 1988년 노조를 허용하겠다고 선언하여 그 해 곧바로 노조가 설립되었다. 1990년 '민족포철'이라는 현장조직 집행부가 노조를 장악하면서 조합원 2만 명을 거느린 민주노조가 출범했다. 1991년 서울대 보건대학원이 포항제철소 작업장에서 발암물질이 다량 검출됐다는 연구결과를 발표하자 노조는 사복을 입고 출근하는 준법투쟁을 벌였다. 회사는 노조원들에게 무더기 징계를 내렸다. 결정적으로 1월 중순 노조 간부의 금품수수 의혹이 불거지면서 노조가 도덕성에 타격을 입었다. 이를 계기로 1만9,000명의 조합원 가운데 1만5,000명이 노조를 탈퇴하면서 와해되었다.[22]

사측은 노조원들에게 광양제철소 전출, 포철공고 병역특례 직원에 대한 특례 박탈, 주택융자금 회수 등 온갖 압박을 가하여 노조활동을 못하도록 회유하였다. 박 회장은 무노조 소신을 가지고 있었고 이 정책을 고수했다. 포철은 1991년 노조가 무너진 뒤 1992년 직장협의회를 만들어 임금협상 파트너로 삼았다. 이 시절 공장장으로 근무했던 포스코 OB는 그 시절을 이렇게 회상했다. "내 밑에 현장 근로자가 150명이 되었는데 매일 그들을 설득하러 다녔다. 때로는 술을 사주고 하면서 달랬다. 노조가 없어야 한다는 회사의 방침에 따라 사활을 걸고 막았다"고 했다. 이와는 달리 또 다른 기업도시인 울산이 정규직 노동자가 지배하는 '노조 도시'가 된 것과 비교하면 흥미로운 대목이다.

포철이 자리잡고 근로자들이 몰려들면서 가장 혜택(?)을 본 집단이 지역의 '규수'들이었다. 포항이라는 객지에 일자리를 찾아 몰려든 건장한 청년들이 이 지역에서 인연을 맺어 가정을 꾸렸다.(이건 주변을 돌아보아도 쉽게 확인할 수 있다) 내가 다니던 포항 인근의 초등학교도 정원이 120명으로 아담한 규모였다. 포항 인근에 자리 잡아서 고향에 남아서 생계를 이어가는 친구들이 절반은 된다. 전라도나 충청도 등 근대화 현장에서 비켜난 지역과 비교해보면 확실히 많은 인원이 고향에 남았다. 우리나라 전역이 근대화의 물결로 떠들썩할 때, 서울역 앞이 시골출신들로 북적거릴 때, 포항사람들은 다행히 그 행렬에 끼지 않게 된 것이다. 고향 떠나면 고생이라는데 이게 포항사람들이 누린 혜택이 아닌가 싶다.

포철공고를 나온 가장 유명한 사람은 누구일까. 그냥 이동국을 꼽고 싶다. 고등학교 다닐 때부터 이름을 날려서 집 앞에는 여고생들로 북적거렸다. 비록 월드컵을 빛낸 스타는 아니지만 K리그를 가장 오랫동안 지배했고 그의 최다 골 기록은 당분간 깨지기 어려울 것이다. 요즘도 예능을 종횡무진 뛰고 다둥이들과 행복한 모습으로 국민들에게 너무 친근하다. '대박아빠'의 건투를 빌어본다. 그가 스틸러스 감독이 되는 것도 기대해보자. 이동국도 포항사람이다.

7

포항시민의 삶, 죽도시장

1920년대 중반 일제강점기 대구역 앞, 남루한 복장의 청년이 좌판을 펼친 사주쟁이 앞에 앉았다. 현풍에서 돈벌이를 위해 나섰는데 막상 갈 곳이 없다고 하소연했다. 사주쟁이는 청년을 찬찬히 뜯어보더니 동쪽 바닷가로 가보라고 했다. 청년은 대구역에서 기차를 타고 경주역을 거쳐 포항역에 도착했다. 바닷가 쪽으로 가보라는 말에 남빈동 칠성천으로 갔다. 갯가에는 청어가 산더미처럼 쌓여 있었다. 청년은 동해안 바닷가 포항에서 청어 지키는 일부터 시작했다. 일제가 들어와서 포항을 어항으로 개발하던 시기의 일이다. 새로운 어로법을 도입하여 일본인이 정착하면서 포항 동빈나루 일대와 구룡포는 이때부터 수산업의 주요기지로 성장하기 시작했다.

나의 외할아버지 이야기이다. 현풍 못골의 몰락한 양반의 후손이었던 그는 궁벽한 촌에서 벗어나 새로운 길을 찾아 나섰다. 외할아버지는 성실함과 탁월한 장사수완을 바탕으로 머지않아 포항에서 자리를 잡았다. 동빈나루와 죽도시장이 기반이었다. 시장에서 이불솜 공장을 크게 벌여 가세를 일구었다. 번 돈으로 주변에 과수원을 구입하고 죽도시장의 상가를 매입했다. 상업 자본에 눈을 뜬 외할아버지는 고향의 동생, 처남, 4촌 동생 등 일가들을 포항으로 데려왔다. 조금씩 일자리를 나누면서 자리잡게 했다. 부모님이 결혼하던 즈음, 그때는 중매가 대세이던 때여서 할아버지가 어머니의 사주단자를 보면서 깜짝 놀랐다. "이런 성씨가 포항에 어째 있노" 어머니의 본관은 서흥 김(瑞興 金)으로 영남지역에서는 뼈대가 높은 가문이었다.

죽도시장의 형성 과정

죽도시장은 포항의 심장이다. 근대 포항을 상징하는 또 다른 이름으로 지금껏 포항시민의 성장과 애환을 함께 해 오고 있다. 포항경제에서 차지하는 비중도 예나 지금이나 크다.

죽도시장은 일제강점기, 남빈동 칠성천 건너편 갯가 갈대를 베고 임시로 성토하여 40~50여 개 점포로부터 시작한 것이 시초였다. 관의 허가 없이 어류, 육류, 채소류, 일용잡화류를 거래하던 서민시장이었다. 광복 후 일본에서 귀국하여 갈 곳을 찾지 못한 사람들이 죽도와 칠성천 주변을 따라 천막을 치고 좌판과 노점을 시작하면서 점차 시장의 형태를 갖추어 갔다. 이후로 농수산물의 판매가 증가하고 도소매상인이 모여들면서 시장은 번성기에 접어들어 400여 도소매

점이 즐비하게 형성되었다.[23]

그러나 아쉽게도 6·25전쟁으로 죽도시장은 완전히 소실되었다. 전쟁 후 죽도동의 유지들과 이전의 상인들이 부흥회를 조직하여 시장재건에 나섰다. 당시엔 도로 및 운송수단이 열악했고 칠성천이 복개되기 전이라 중앙동, 남빈동에서 시장에 오려면 나룻배를 타야 했고 송도, 해도에서 올 적에도 나룻배를 이용해야 했다. 불편이 따랐지만 채소와 과일 등 포항과 인접한 8개 군에서 생산된 물품이 모여들면서 시장은 금세 활기를 되찾았다. 1955년에는 도소매상이 500여 개로 급증하고 노점도 1,000여 개로 증가하면서 명실상부한 경북 굴지의 상설시장으로 자리매김했다. 특히 포항과 가까운 영덕과 강구, 울진, 구룡포 등 동해안 인근 지역을 아우르는 도매시장의 역

1970년대 죽도시장 모습

할을 감당했으며 한편으로는 전국에서 손꼽히는 어시장으로 명성을 날렸다.

죽도시장은 본래 죽도시장, 죽도농산물시장, 죽도어시장 등이 합쳐서 조성된 것으로 각 시장의 운영주체는 분리되어 있었다. 세부적으로 살펴보면 수산물과 건어물, 공산품, 생활용품 등을 공급하는 죽도시장이 1971년 정식으로 허가를 받아 가장 먼저 문을 열었다. 이어 야채, 과일 등 농산물을 취급하는 농산물시장이 1982년 영업에 들어갔다. 마지막으로 활어회를 파는 음식점이 주축이 된 죽도어시장이 1998년 개장했다. 이들 3개 시장은 죽도시장번영회, 죽도시장상가진흥조합, 죽도어시장 상인회 등 각각의 상인조직을 결성하여 별도로 활동하였다.[23]

1970년대 포철이 가동되면서 인구증가와 경제성장으로 유통산업은 괄목할만한 성장을 기록했다. 1968년에서 1979년까지 통계를 보면 포항의 유통산업 사업체 수 증가율은 119.7%를 기록하고 있다. 전국 평균이 60%이고 경북이 44.4%였다. 이 기간 도·소매업 매출액도 경이적인 3,329% 성장을 달성했다.(전국 평균 1,940%) 이 중심에 죽도시장이 있었다.

이즈음 죽도시장은 또 한 번 변화의 바람을 맞이하게 된다. 자연발생적으로 생겨난 시장인 까닭에 구획정리도 안된 비좁은 골목에다 수도며 위생시설이 형편없었다. 무엇보다 몰려드는 사람에 비해 시장이 비좁았다. 1977년 황대봉 회장이 조합장이 되어 몇몇 사람들이 주도하는 구획정리사업이 벌어졌다. 당시 채소밭(현 개풍약국~오거리)이던 구역을 시장부지로 편입하여 시장은 두 배로 확장되었다.

상인들은 새롭게 확장된 죽도1동 593번지 일대의 면적 6,000평, 건평 4,000평에 입주한 460명 점포주와 준회원인 노점상 142명을 포함하는 죽도시장상가번영회를 결성하였다. 상가번영회는 이곳의 의류, 채소, 과일, 농산물 판매상가를 아울러 회원권익 보호와 지방정부 정책에 참여하여 회원을 대변하였다.

죽도시장은 자랑이 하나 있다. 죽도시장 입구에 자리한 개풍약국은 공시지가 경북 1위를 수십 년째 유지하고 있다. 1999년 1,040만 원/㎡(평당 3,438만 원)을 기록하였고 2021년 기준으로도 1,385만 원/㎡(평당 4,578만 원)을 기록, 여전히 수위를 지키고 있다. 경상북도 상권의 자존심인 것이다.

죽도시장의 침체

1990년대로 들어오면서 전국의 모든 전통시장이 그렇듯 죽도시장 역시 침체의 늪에 빠져들게 되었다. 유통업에서 혁명이 일어나면서 편리성과 청결함을 앞세운 대형백화점이나 기업형 마트, 편의점 등이 급격히 증가하면서 전통시장의 존립을 위협하였다. 게다가 교통혼잡과 낙후된 시설, 지나친 호객행위 등으로 소비자들은 죽도시장을 외면하기 시작했다.

대구지역의 전통의 백화점 강자였던 대구백화점은 1985년 오거리의 신라쇼핑을 인수하여 대백쇼핑을 열었다. 바야흐로 포항에 백화점 시대가 열린 것이다. 1992년 매출이 605억을 이를 정도로 한때 호황을 누렸다. 2000년에는 전국 최고 명성의 롯데백화점이 지방 4호점으로 부산, 대전, 광주 다음으로 포항에 개점하였다. 롯데는 개점 시 포항시의 상권이 수산자원을 중심으로 한 재래시장 정서에 익숙해서 명품관 중심의 브랜드 파워 유지 영업 전략이 먹힐지 고심하였다. 기우였다. 개점 첫해에 1,700억 원대 매출을 기록, 돌풍을 일으켰다. 죽도시장과 중앙상가가 타격을 받았다. 상대적으로 중앙상가의 타격이 더 심했다.

2000년대가 되면서 대기업의 대형마트들이 시내 곳곳에 마구 들어서기 시작했다. 신세계 이마트(2001년), 삼성홈플러스(2002년), 롯데마트(2004년), 월마트(2004년) 등이 들어섰다. 유통가의 새로운 시장흐름이 포항에 상륙한 것이다.

죽도시장은 활어회 상가를 제외하고는 많이 위축되었다. 포항시는 2001년 지역경제 활성화의 일환으로 '죽도시장 활성화 종합계획'을 마련하였다. 상인대학을 개설하고 시설현대화 작업을 진행하였다. 주차장 확보에도 본격적으로 나서기 시작했다. 나누어져 있던 상인조직들로 위기의식을 갖고 공동으로 대응하기 시작한 것도 이때이다.

2000년 무렵 죽도시장의 규모와 종사자는 얼마나 될까. 아무리 자료를 뒤져보아도 뒤죽박죽이다. 2002년 발행된 이병석 의원의 정책자료집에 따르면 죽도시장 구역은 12만6,000㎡(38,115평) 면적에 4개 상가(죽도시장, 죽도상가, 가구상가, 회상가)에 2,450개의 점포가 있는 것으로 조사되었다. 구역으로는 오거리와 남빈네거리, 남빈네거리와 동빈부두, 동빈부두와 송도교, 송도교와 오거리를 연결하는 큰 사각형 블록을 죽도시장 권역이라고 이야기할 수 있겠다. 종사자는 6,000명 정도로 추정하고 매출액도 1조 원을 넘는 것으로 그야말로 추정할 뿐이다.[25] 의류, 식품, 잡화의 소매기능이 백화점, 할인점으로 넘어가면서 죽도시장의 핵심 경쟁력은 어시장인 것만은 분명해 보인다.

외할아버지는 1954년 비교적 젊으신 나이에 돌아가셨다. 어머니가 시집도 가기 전이었다. 그렇게 포항으로 오신 외가 쪽 친척들은 포항에서 기반을 닦아 서울, 부산, 대구 등 다시 대처로 떠났다. 손자 대에 이르면 누구는 교수가 되고 누구는 의사가 되었다는 소식이 전해졌다. 죽도시장에서 일군 부가 바탕이 되었을 것이다. 어머니 형제 중에는 어머니만 포항에 남았다. 어머니 사촌 중에는 오촌 아재만 포항에 남았다. 작은 외할아버지는 서울 명문대학을 졸업하고 대기업에 취업한 아재를 죽도시장에 눌러 앉히셨다. 지켜야 할 게 너무 많았던 모양이다. 어머니 외사촌들도 대구로 서울로 흩어졌다. 그중에서 5촌 이모만 포항에 남았다. 포항 분에게 시집을 갔고 여기에서 교편을 잡았기 때문이다.

나는 초등학교 시절 어머니를 따라 죽도시장을 드나들던 기억이 선명하다. 칠성천은 복개하기 전이라 회색의 생활오염수가 그대로 흘렀다. 어머니는 요즘도 그러하시지만 죽도시장 갈 때에 가장 신나하셨다. 그 큰 시장을 손바닥 보듯이 훤히 꿰고 계셨다. 지금도 어머니는 죽도시장에서 뭔가를 사야만 만족해하신다. 나는 외가 쪽 점방들을 돌면서 받는 용돈 생각에 어머니를 따라나서는 죽도시장 가는 길이 항상 즐거웠다.

8

통치자의 퇴장,
박 회장의 정치적 부침

1993년 나는 대학을 졸업하고 (주)쌍용에 입사하였다. 종합무역상사인 회사에서 해외근무를 하고 싶은 꿈이 있었다. 그때만 해도 해외 나가는 것이 요즘처럼 쉽지 않아서 젊은 친구들은 유학이나 해외근무 등 한반도 탈출을 꿈꿨다. 그때 삼성물산을 비롯한 7개 종합무역상사가 있어서 수출 대한민국을 주도하고 있었다. 철강도 주요한 수출품목이었는데 만드는 곳이 포철 외에는 없었다. 재벌그룹 계열사들인 이 회사들이 그룹사 제품을 제외하고 실질적으로 경쟁하던 품목이 철강이었다. 서울시청 옆에 있었던 포철 서울사무소는 7대 종합상사 철강부 담당자들로 항상 붐볐다. 포철 과장이 담배를 피우다 재떨이를 찾으니 상사맨이 두 손을 받쳐서 담뱃재 받는 시늉을 했다는 일화를 선배가 전해주었다. 요즘이면 천하무적 갑질로 소송대상이었겠지만 그때 포철의 위상이 어떠했는지 알 수 있다.

1992년 10월 2일 포철은 광양제철소 종합운동장에서 광양 4기 설비준공식을 성대하게 거행하였다. 25년에 걸친 제철소 건설의 대역사를 마무리 짓는 장엄한 식장에 1만2,000여 명이 모였다. 여기에는 노태우 대통령, 주한 외교사절 등도 축하객으로 참석했다. 포철은 포항, 광양제철소에서 연간 2,100만 톤의 생산능력을 갖춘 세계 3위의 철강회사가 되었고 우리나라는 세계 6위의 생산능력을 지닌 철강대국이 되었다. 빛나는 성취인 것이다.[26]

박 회장의 평탄치 않은 정치행로

박 회장은 종합준공식을 가진 다음날인 10월 3일, 동작동 국립묘지 박정희 대통령의 묘소를 참배하고 25년에 걸친 건설 대역사를 성공적으로 마무리했음을 보고했다. 박 회장은 "각하의 명을 받은 지 25년 만에 포항제철 건설의 대역사를 성공적으로 완수하고 삼가 각하의 영전에 보고를 드립니다"며 소회를 밝히고 "돌이켜 보면 참으로 형극과도 같은 길이었습니다. 자본도 기술도 경험도 없는 불모지에서 용광로 구경조차 해 본 적이 없는 39명의 창업요원을 이끌고…(중략) 저를 조국 근대화의 제단으로 불러주신 각하의 절대적인 신뢰와 격려를 생각하면서 다만 머리 숙여 감사드릴 따름입니다"며 절절한 마음을 고백했다.

박 회장은 박정희 대통령 묘소를 참배한 직후 이사회에 사직서를 제출했다. 박 회장의 사의 표명을 들은 포철은 황경노 부회장 주재로 긴급 이사회를 소집했다. 이사회는 박 회장의 사임이 불가하다고 결론짓고, 이튿날 전 임직원이 사의 철회 건의문을 제출했다. 이어 임직원 가족들도 사의 철회 요청을 했다. 그러나 사의 의지를 꺾지 못하고 박 회장을 명예회장으로 추대했다.[27]

그리고 박 회장에게도 엄혹한 시절이 도래했다. 박 회장은 1980년 대 초부터 직접적인 정치활동을 하였다. 1980년 국가보위입법회의 경제 제1위원장으로 취임한 것을 계기로 정계에 입문하였다. 1981 년 11대 국회의원(민주정의당, 전국구)에 당선돼 국회 재무위원장을 역 임하였다. 1988년 민주정의당 전국구 국회의원, 1992년 민주자유당 전국구 국회의원을 역임하였다. 주변부의 정치활동이 아닌 정권의 핵심에서 정계를 좌지우지하였다. 1988년 민주정의당 대표를 맡았 으며 1990년 3당 합당 후에는 민주자유당 최고위원이 되었다.

그러나 1992년 대통령 선거를 앞두고 국회의원직을 사퇴하였다. 대통령 선거를 앞두고 김영삼 대통령 후보와의 갈등이 결정적인 요 인이었다. 박 회장은 민자당 대통령 후보 김영삼의 선거대책위원장 직을 거절하고 백의종군하겠다고 밝혔다. 최고 권력자와의 갈등이 었다. 김영삼 정부 출범 후에는 포항제철 여러 협력사에서 39억여 원을 받은 혐의를 받자 4년여 동안 일본 등 해외를 떠도는 유랑생활 을 하였다. 국내 언론에서는 '표적수사', '정치적 탄압'이라는 의혹이 대두되었다.[28]

정권이 교체될 시점인 1997년 박 회장은 정치적 재기를 노린다.

5공 실세였던 허화평 의원의 의원직 상실로 포항 북구에서 치루어진 재보궐선거를 기회로 활용하였다. 7월 24일 선거에서 무소속으로 출마, 경쟁후보였던 이기택을 꺾고 정치적 재기에 성공하였다. 포항은 여전히 박 회장의 영향력 안에 있었고 시민들의 지지도 각별하였다. 1997년 자유민주연합에 입당하여 김영삼 정부의 경제 실패를 공격하였고 김종필과 함께 김대중 후보를 지원하여 제15대 대통령 선거 당선을 지원하였다. 소위 DJT연합을 성사시켜 정권창출에 기여한 것이다. 2000년 초 총리에 취임했지만 같은 해 5월 부동산 논란이 불거지면서 총리직을 내놓고 정계를 떠났다. 1990년대 박 회장은 롤러코스터 같은 정치적 부침을 겪었다.

김만제 회장의 혁신

박 회장의 퇴장과 재등장에 따라 포철도 창립 이후 처음으로 요동쳤다. 박 회장이 임명한 황경노 2대 회장(1992년 10월)은 취임 6개월 만에 수뢰혐의로 구속되었고, 정명식 회장은 1년밖에 버티지 못했다. 김영삼 정부는 내분이 심각하던 포철에 정통 경제관료 출신인 김만제를 회장으로 선임하여 경영토록 하였다. 포철출신이 아닌 외부인이 처음 최고경영자로 선임된 것이다. 김 회장은 박 회장이 복귀하는 1998년 3월까지 4년 동안 회장으로 재임하였다. 포철 회장의 수난사는 그 이후에도 계속 이어진다.

포항제철 직원의 상징이던 '황색 제복'(기분에 따라서 똥색으로 불리던)을 벗게 된 것도 이즈음이다. 1993년 10월 1일부터 출퇴근복을 자율화함에 따라 창립 이래 회사의 상징처럼 여겨졌던 황색 제복이 사라지게 되었다.[29] '노랑 병아리'의 시대가 저문 것이다. 그때 푸른 하늘색으로 바뀐 근무복은 지금까지 유지되고 있다. 이러한 복장 자율화는 집단적인 조직풍토를 일신하여 개인의 자율과 창의를 존중하는 조직풍토를 전환하는 데 일조하였다.

새로 취임한 김 회장은 창업세대가 이룩한 양적인 성장의 기반 위에서 질적인 성장을 성취하기 위하여 경영혁신을 꾀한다. 포철은 외국인 주식취득 허용과 국내 기업 가운데 최초로 뉴욕증시에 상장하는 등 개혁적이고 공격적인 경영을 시도한다. 당초 광양 4기 건설을 끝으로 더 이상 증설을 하지 않기로 했던 방침을 수정하여 설비증설을 단행하였다. 자동차산업과 조선산업 호황에 따른 선제적 대응이었다. 2,800만 톤 조강생산 계획을 세웠다.

3대 기축사업에 기반을 둔 사업 구조조정을 단행하였다. 철강, 엔지니어링 및 건설, 정보통신을 3대 기축사업으로 정하였다. 기축사업 관련 출자사는 집중 육성하고 투자 효율이 떨어지는 사업과 출자사는 정리하였다. 1997년 말까지 43개였던 출자사가 16개사로 축소 조정되었다. 포스코 개발(현 포스코 건설)이 본격적으로 출범하고 제2이동통신사업자로 선정(1994. 2. 28.)되어 정보통신사업에 적극 진출했다.

인력구조조정도 단행하였다. 1995년 3월 직원 1,412명이 명예퇴직했다. 이때 퇴직금은 5,000만 원이었는데 명퇴금이 1억 원이었다.

80년대 중반부터 90년대 초반까지 이어진 대규모 채용(사무직만 1년에 2번, 800명 채용)은 광양제철소 안착과 더불어 줄어들었다. 이런 과정을 통해 1994년부터 정규직 인력 5,000명이 구조조정되었다. 김 회장 시기 포철 직원들에게 가장 큰 혜택(?)은 월급이 올랐다는 것이다. 다른 기업에 비해 20~30% 작았던 처우가 개선되었다. 그동안 내핍을 강조한 것에서 벗어나 이익금이 직원들에게 지급된 것이다.

포항에서 가장 인상적으로 들었던 것은 '여기 포항에는 IMF가 없었다'는 이야기이다. 1997년 외환위기가 닥쳤을 때 국내 유수의 재벌기업들이 도산하였다. 덩달아서 많은 중소기업들이 흔적도 없이 사라졌다. 국민들에게 6·25전쟁 이후 가장 큰 상흔을 남긴 경험인데 포항은 그렇지 않았다는 것이다.

IMF시기, 포철도 비상경영체제에 돌입하였다. 자동차, 건설, 가전 등 국내 철강수요 산업은 완전히 침체상태에 빠졌다. 포철은 내수 부진을 만회하고 생존을 위해 수출에 매진하였다. 총판매물량은 1997년 2,517만 톤에서 1998년 2,491만 톤으로 소폭 감소했지만 역설적이게도 경쟁사에 비해 월등한 원가 경쟁력이 위력을 발휘하였다. 매출액은 1997년 9조7,000억 원에서 1998년 11조1,000억 원으로 늘었으며 당기순이익은 7,290억 원에서 1조1,229억 원으로 54%가 늘어나는 기염을 토했다. 포철이 이러했으니 포항의 철강공단과 포항경제도 버틸 수 있었다. 선제적인 구조조정과 경영혁신을 단행한 김 회장 시대의 경영이 돋보이는 대목이다.

지방자치시대, 변화하는 지역 정치

1990년대 포항의 지역정치상황도 변하였다. 전국적인 지방자치의 도입으로 1991년에는 기초의원 선거와 광역의원 선거가 실시되어 시의회가 구성되었다. 1995년에는 시의원과 시장이 민선으로 선출되었다. 민선 1기 포항시장은 박기환이었다. 서울상대 출신의 회계사로 지역에서 야당 활동으로 잔뼈가 굵은 정치인이었다. 민선시장이 등장하면서 포항시와 포철의 관계는 확연히 바뀌었다. 이전에는 중앙정부를 통해 포항시를 손쉽게 통제할 수 있었다. 사실은 중앙정부의 위임을 받은 포철이 박 회장 중심으로 포항의 정치, 경제를 주도했다는 표현이 맞다. 이런 관계에 변화가 일어난 것이다. 포철의 환경오염 등에 대한 단속권과 인·허가권이 포항시장에게 있었고 이를 의식한 포철은 과거와는 다른 모습을 보였다. 선거를 통해 대표성과 정당성을 부여받은 민선시장이 지역지배력을 행사하는 기반을 구축한 것이다. 아울러 포철에 주눅 들어있던 토착엘리트도 지역발전협의회, 포항향토청년회, 향지회 등의 단체를 결성해서 포철을 상대로 목소리를 내기 시작했다.

포철은 지방의회 발족시기, 회사의 영향력을 확보하고자 포철 출신들을 지방의회에 대거 진출시켰다. 당선된 포철 출신들 시의원들에게 급여도 지급하고 관련 계열사에 자리를 만들어 주기도 했다. 포철은 지방자치제 실시 이후 포항시에 문화예술회관 건립이나 환호공원 등의 하드웨어 시설을 지원했다. 유화책이었다. 물론 회사의 경영성과가 안정되면서 여유가 생긴 탓도 크다.

1987년 이후 민주화 이행과정에서 권위주의 지배체제와 운용시스템도 쇠퇴한다. 지역에서도 시민단체의 활동이 늘어났으며 지역 토착엘리트의 정치활동도 서서히 체계화되었다. 포철에 대해서도 이주민의 재보상 요구, 수질·대기오염 문제 등 생활 요구사항부터 포항제철 사명변경 반대운동 등 포철 경영 사안까지 다양한 현안에 대해 지역주민들과 시민운동단체들이 조직적으로 대응하였다. 포항 시장은 지방의회에서 이런 현안들을 토의하고 포철에 직접 건의하였다. 포철 경영진도 지역사회의 요구를 수용하는 대책을 강구하였다. 회사 내에 지역협력 부서를 만들고 기업홍보, 지역사회 개발 지원, 지역문화 행사 후원에 주력하였다. 지역주민과의 유대 강화 프로그램인 자매결연 프로그램은 1991년 시작되었는데 포철에 대한 부정적 인식을 불식시키는데 기여하였다.

기업도시 포항에서 포항의 지배세력이었던 포철의 영향력이 박 회장의 퇴장과 함께 퇴조하고 선출직 지역 엘리트들이 도시정치의 주도세력으로 등장한 것이다. 지역주민들의 다양한 이해와 정치적 욕구를 지역정치과정에 반영하게 되었다. 포항시는 '첨단과학도시', '환동해 거점도시' 등 지역개발 이슈를 직접 생산하고 이를 시정에 반영하기 시작했다.[30]

포항에서 '노랑 병아리'는 아직도 건재하다. 1974년 공립초등학교를 유치하여 개교한 포항제철지곡초등학교와 포항제철초등학교 (지금의 두 학교는 포스코교육재단 소속의 사립학교)는 모두 지곡단지 안에 위치해 있고 '포항제철'이라는 교명을 아직 유지하고 있다. 학생들 체육복은 여전히 '황토색'을 유지하고 있다. 매일 출근하면서 나는 여전히 '노랑 병아리'의 생동하는 모습을 흐뭇하게 지켜본다.

9

성공적인 철강산업단지 조성,
고착화되는 철강 단일 경제

2008년 포항의 기업인들과 중국 안산강철을 다녀온 기억이 있다. 도시의 풍경을 보고 깜짝 놀랐다. 도심이 큰길로 양분되는데 한편은 제철소이고 한편은 상업지와 주거지였다. 중국 동북 3성에 위치한 안산은 일본이 만주지역을 점령했을 때부터 철광석이 많이 생산되는 지역이어서 자연스럽게 제철소가 들어선 곳이다. 왠지 모를 기시감이 들었다. 포항이 그렇다.

포철의 주거지인 지곡, 이동을 지나 방장산 터널에서 내려다보면 일직선상의 도심을 지나 형산강을 지나면 포항제철소, 철강산업단지 구역이다. 형산강을 중심으로 남북으로 명확하게 도심구분이 되어 있다. 포항시민들에게는 너무나 익숙한 광경이다. 그리고 포항사람들은 무릇 공장이라면 포항제철소만큼의 사이즈가 되어야 한다는 생각을 한다.

거대한 철강산업단지의 조성과 성장

포항철강공단은 포항제철소를 포함하여 1천5백85만7,231㎡(480만 평)에 이른다. 여의도 면적 2백87만3,175㎡(87만 평)의 5.5배이다. 포항제철소 면적만 따지면 9백50만㎡(287만 평)이다. 포항도심보다 철강산업단지 면적이 더 넓다. 참고로 우리나라에서 단일 공장 규모로 가장 큰 곳은 광양제철소로 포항제철소의 1.5배이고 포항이 2위, 3위는 현대제철의 당진제철소, 현대자동차 울산공장이 4위이다.

현재 포항철강공단은 포항제철소, 1,2,3,4단지, 청림지구로 이루어져 있다. 포항제철소와 2단지, 청림지구는 국가산업단지이고 나머지는 공업지역이다. 철강공단은 포항제철소와 산업연계를 원활하게 하기 위하여 1967년 건설부 고시로 제1단지부터 조성되기 시작했는데 온갖 우여곡절을 거쳐 현재에 이르렀다.

1967년 경상북도는 포항 서남쪽인 영일군 대송면 괴동동, 장흥동 일대 농경지 114만 평을 5억4,000만 원에 매수하여 분양 준비에 착수하였다. 그러나 사업이 지지부진하자 1969년 포철에 단지조성 및 분양업무를 넘겼다. 제철소도 1973년이 되어서야 고로에서 '쇳물'이 생산되었으니 공단 분양률도 이전까지는 낮았다. 지금이야 공업단지를 조성할 때 어떻게 조성되고 어떤 업종을 유치할지 사전 기획을 치밀하게 하지만 1970년대 초 포항 허허벌판의 땅에서 그걸 상상해내는 것은 불가능한 일이었다. 제철소 건설이 본격화되면서 기반시설(도로, 용수)이 완성되지 않은 상태에서 분양이 본격화되었다.

그러나 1973년이 되어서야 처음으로 15개사 1,759명의 직원이 76억 원의 실적을 달성하였다. 1단지는 47개 업체가 92만 평 부지에 입주하면서 1978년 성공적으로 마무리되었다.

청림지구는 제철소 남쪽에 냉천을 사이에 두고 영일만에 접해 있는 소규모 공단이다. 1973년 고시되었고 1974년 4월에 착공하여 1977년 51만 평 부지에 건설을 완료하였다. 이 지역은 국가산업단지로 기반시설인 항만, 전력, 용수, 도로 등을 이용할 수 있는 임해지역의 특징을 가지고 있다.

제2단지는 제철소가 확장일로에 이르자 1978년 부지조성 공사를 시작하여 1988년 11월 분양을 완료하였다. 당초 공단확장 예정부지가 영일군 연일읍 '어미들'로 계획되었다. 그러나 이 지역은 160만 섬의 쌀과 보리를 수확할 수 있는 지역이라 농민들의 반대가 극심하여 대송면 일대로 부지가 변경되었다. 분양이 본격화되던 1979년 2차 오일쇼크 경기불황이 닥쳤다. 공장부지 분양이 극히 부진하자 1983년 공단조성 시행자가 경상북도에서 한국토지개발공사로 변경되었다. 토개공이 분양방식을 선시설 투자, 후분양 계획으로 전환하였다. 1980년대 중반의 경제호황에 힘입어 성공적으로 분양을 완료할 수 있었다. 아직 '어미들' 일대는 부추 생산을 하는 비닐하우스가 어지럽게 널려있는 도심 속의 공간으로 남아 있다. 아이러니한 장면이다.

한국경제는 88서울올림픽을 전후하여 호황을 맞게 된다. 포항에서도 포철의 신소재 개발, 업종 다각화에 따라 산업체들이 공단입주를 희망하게 된다. 업체의 수요가 반영되어 제3단지가 조성되기 시작하였다. 1990년부터 착공된 영일군 대송면 대각 일대 79만 평을 대상으로 분양이 진행되었다. 1차 분양이 완료되었으나 입주 포기 업체도 생기는 등 어려움이 발생하였다. 1994년까지 60% 분양률을 기록, 부진을 면치 못하였다. 1999년에 이르러 분양률 98%로 대부분 분양되었다. 동국제강, 태창철강, 흥덕산업 등 업체가 현재까지 입주해 있다.

공단조성 초기, 각종 제도와 법률이 미비하고 공장 조성 경험도 부족하여 입주 기업체들은 난관에 봉착하는 일이 많았다. 이를 타개하기 위해 입주 기업체들은 1974년 '사단법인 포항철강공단 협의회'를 정식으로 허가받아 공동으로 대응하였다. 1980년 '포항철강

1990년대 포항제철소와 포항시내 전경

공업관리공단'으로 개편될 때까지 협의회는 입주기업의 육성과 지원업무에 많은 역할을 하였다. 관리공단 이사장은 삼일그룹의 강신우 회장이 1980년부터 1995년까지 역임하였다. 박 회장의 사업 파트너로 포항상공인의 구심점으로서 강 회장의 역할이 돋보이는 대목이다.

포항철강공단 성장 추이

단위 : 천평, 억원, 천불, 명

연 도	입주업체수	분양면적	생산액	수출	고용
1970	10	334	–	–	–
1973	33	899	76	1,739	1,759
1977	49	923	707	9,020	7.113
1982	64	1,150	4,753	197,935	12,743
1987	124	1,685	9,934	359,517	17,352
1993	184	2,425	27,880	707,533	18,864

자료 : 포항철강관리공단20년사, 1994.12 포항철강공업관리공단

명실상부한 철강산업 도시

철강공단은 1970년 초반부터 1980년대까지 평균 76%라는 놀라운 신장률을 기록하였으며 1988년에는 총생산액이 1조 원을 돌파하였다. 1991년에는 2조 원을 생산하였고 성장속도가 더욱 가팔라져서 1994년에는 3조 원을 달성하였다. 정부의 수출 주도 정책에

발맞추어 수출액 성장도 급격한 우상향 곡선을 그렸다.

고용인원은 호황기였던 88올림픽 이후 2만 명을 넘어섰고 1990년 2만2,289명을 기록하기도 했으나 1993년에는 1만8,864명 수준이 되었다. 1993년 총 184개 입주업체 중 1차금속 68, 조립금속 40, 비금속 21로 철강업종이 70%를 차지하고 있었다. 생산과 수출에서 쏠림은 더 심하여 80% 이상이 철강업에서 발생하고 있었다.

호사다마라고 했던가. 좋은 일만 있었던 것은 아니었다. 1994년 6월 20일 새벽, 산업폐기물 처리업체였던 유봉산업의 매립장 둑이 무너져서 매립된 폐기물 12만 톤이 유출되는 사고가 일어났다. 이틀 동안 내린 집중폭우로 둑이 터져버린 것이다. 유봉산업은 제2단지와 인접하고 있어서 900m 도로가 넘치는 폐기물로 차량통행이 불가하였다. 한일철강, 동림, 현대산업의 공장에 폐기물이 덮쳐 조업이 정지되는 피해를 입혔다. 특히 폐기물이 배수로를 타고 구무천으로 흘러간 뒤 형산강 하류로 유입되어 영일만이 환경오염에 노출되었다. 전국적 사건으로 비화되어 환경부장관, 도지사가 나서서 사태를 수습하였다. 응급복구를 위하여 군인·공무원 수천 명이 동원되었으며 복구하는데 많은 시간과 비용이 소요되었다. 경제개발시기 겪었던 산통이었다. 공교롭게도 유봉산업 경영진은 한동대학교 설립에 사재를 출연했던 업체인데 유출사건 여파로 이후 한동대학교 재단 문제로 불똥이 튀었다.[31]

1995년 1월 포항시는 영일군과 행정 통합되어 서울 면적 1.8배,

인구 52만 명의 중규모 기업도시가 되었다. 재정자립도도 높아서 전국에서 부러움을 받는 도시로 발돋움하고 있었다. 포항을 주도하는 포철은 1995년 매출액 8조2,187억 원, 당기순이익 8,397억 원, 1997년에는 매출액이 9조7,000억 원을 넘어섰다. 1998년에는 매출액이 11조1,000억 원으로 창사 이래 처음으로 10조 원 이상의 매출을 달성하는 기염을 토했다.

포항은 철강 제조업 도시로 탈바꿈했다. 포항 산업구조를 보면 1991년 제조업체 수의 38.2%, 종업원 수 79.4%(전체 29,053명)를 제1차 금속과 조립금속 업체가 차지하고 있다. 전체 생산액 6조214억 원 중에서 제1차 금속과 조립금속이 5조2,495억 원으로 87.1%의 집중도를 보이고 있다. 1997년의 경우에도 철강업의 종업원 수 비중은 69%로 낮아졌으나 생산액 비중은 여전히 80%를 넘고 있다. 철강일변도의 단일 산업구조가 공고화되었지만 여전히 성장하고 있었다. 다만 철강산업 위주의 11개 대기업이 1993년 기준으로 제조업 전체 생산액의 69.2%, 부가가치 83.3%를 차지하고 있어 집중화에 대한 우려가 상존하고 있었다. [32]

저녁 무렵 영일대해수욕장에 산재해 있는 카페 2층에 가면 화려한 포항제철소 야경을 즐길 수 있다. 내 기억으로 2000년대 초반 포항제철소의 야간 경관조명 작업이 이루어진 것 같다. 우중충한 황갈색 고로와 굴뚝은 저녁이 되면 네온사인 색이 화려한 경관조명으로 장관을 이룬다. 외지에서 방문한 친구에게 감상을 물으니 좀 엉뚱한 대답이 나온다. "좀 그로테스크 하다" 포항 사는 사람들이야 공장이라면 포항제철소 정도는 돼야 하고 공장야경도 이렇게 멋있다고 강변할 것이다. 여기 사는 사람만 누리는 특권(?)일지 모르지만⋯. 혹자는 포스코가 저 야간조명을 할 수 없는 시절이 오면 그때가 경쟁력을 잃었다는 증거일 것이라고 이죽거린다. 그러나 아직은 괜찮은 것 같다. 포스코 야경은 지금도 화려하게 빛나고 있다.

제2장

성장하지 않는
기업도시
2001~2022

1

포스코로 바뀐 포항종합제철,
전성시대를 열다

오라클에 다니는 엔지니어 친구가 있었다. 포철은 오라클의 오랜 고객이었다고 한다. 내가 포항에 있다고 하니 그 친구는 포철의 일하는 방식이 독특하다고 했다. 오라클은 SI(시스템통합개발서비스)업체여서 제품을 포철의 현장여건에 맞추어서 납품하고 유지·운영을 통해 거래관계를 계속 유지해왔단다. 포철에서 서비스를 요청한 것을 살펴보면 항상 장비나 시스템을 완전히 분해해 놓고는 고쳐달라고 한단다. 친구는 제철소 엔지니어의 호기심과 탐구정신에 고개를 절레절레 흔들었다.

포스코 웨이(POSCO Way)

포항제철소 정문 출입아치에 '자원은 유한, 창의는 무한'이라는 슬로건이 붙어있다. 박 회장의 어록이라고 하는데 언제 부착했는지는 알 수 없다. 지나다니면서 한 번씩 보는 글귀지만 참 가슴 뛰는 경구이다. 이 제철소가 어떻게 만들어지고 어떻게 유지되고 있는지를 한마디로 표현해 주는 '정언 명령'이다.

2000년이 시작되면서 포철도 변화의 바람이 심하게 불었다. 2002년 3월 사명이 바뀌었다. 포항종합제철주식회사는 주식회사 포스코로 변경되었다. 사명 변경은 이때 갑작스럽게 결정된 것이 아니다. 이미 수차례 갈등을 겪었다. 1992년 박 회장이 퇴진하면서 창업 1세대들도 함께 물러났다. 광양제철소도 준공되면서 광양시민들의 불만도 고조되었다. 1993년에는 1994년부터는 포스코라는 명칭을 사용한다는 것을 전제로 연말에 제작되는 회사달력과 근무수첩에 포스코를 사용하기로 계획하였다. 이 같은 사실이 국정감사를 앞두고 불거지자 포항향토청년회 등 사회단체들이 들고 일어났다. 포철의 정체성과 지역과의 관계를 이유로 조직적인 반대활동을 펼쳤다. 1993년 1차 사명변경 시도는 좌절되었다.

그 사이 회사가 뉴욕증시에 상장되면서 이미 포스코(POSCO)라는 영문 명칭을 사용하고 있었다. 1995년 서울 강남구 대치동 포스코센터를 완공하면서 포항 본사에 있던 주요 기능을 서울로 옮겨갔다. 2000년에 포철은 민영화되었다. 외환위기로 철강재 내수 시장이 39%나 격감하고 은행 차입금에 대한 이자가 엄청나게 올라 위기가 닥쳤을 무렵 IMF가 한국 정부에 국영기업 민영화를 권고했다. "처음에 민영화에 반대가 심했습니다만 정부 산하기업이라는 시스템으로는 경영의 신속성이 담보될 수 없어요. 툭하면 감사원 감사다, 국정 감사다 해서 쓸데없는 일에 경영자원이 낭비되다 보니 글로벌 경쟁력이 생겨나기 힘든 상황이었어요. 민영화 과정에서 투명경영 시스템을 도입하는 등 미래를 대비하는 역할을 했다고 봅니다"(유상부 회장의 회고) 유 회장은 사명 변경이 지방기업 이미지에서 탈피하여 글로벌 경영체제 구축을 위해서 필요했다고 설명했다.

그러나 2002년 2차 사명 변경에 대해서도 포항지역사회의 반발은 여전히 컸다. 시내 주요 지점에 사명반대 현수막이 나붙고 반대집회도 열렸다. 우여곡절을 거쳐 3월 주총에서 사명변경이 이루어졌다.[1]

2000년대 초반 포스코는 호황을 기록하고 있었다. 2005년 철강시황 폭발로 사상 최대의 이익을 냈다. 21조 매출에 영업이익은 4조에 육박하였다. 포스코는 2004년부터 2011년까지 매년 3조 이상의 영업이익을 달성하는 기염을 토했다. 회사에 자신감이 팽배했다. 세계 최고의 출선비를 자랑하는 원가경쟁력이 원동력이었다. 그 시기 중국 상하이의 바오산강철은 '2010년 포스코를 추월하자'는 구호를 내걸고 돌격해오고 있었다. 기술연구소장으로 근무했던 허남석 전무는 이렇게 설명했다. 세계 철강시장에서 일본은 고급강, 포스코는 범용강 분야에서 강세를 보이며 세계시장을 양분하고 있었다. 그런데 중국이 인해전술로 포스코의 범용강 시장을 잠식하고 있었다. 위기감이 감돌았다. 대책이 필요했다. 전 직원을 모아놓고 중국의 위협에 대한 위기의식을 강조했다. 지속적인 '혁신'을 주문했다.[2]

어차피 범용강 시장에서 중국을 이길 수 없다. 고급강 시장에서 일본을 따라잡자. 대대적인 기술개발 전략이 수립되었다. 현장 엔지니어는 물론 연구원, 포스텍 교수까지 회사에서 동원할 수 있는 모든 자원이 투입되었다. 기술개발, 원가절감은 성과를 내기 시작했다. 이런 노력으로 포스코 제품의 포트폴리오는 범용강 70%, 고급강 30%에서 범용강 30%, 고급강 70%로 바뀌었다. 파이넥스(FINEX) 공법 상용화, 스트립캐스팅(strip casting) 등 포스코에서 개발한 혁신기술이 회사의 경쟁력을 획기적으로 개선하였다.

포스코 조강생산량, 매출액, 당기순이익 추이

단위 : 천톤, 억원

연도	조강생산량	매출액	당기순이익
2000	27,735	116,920	16,370
2001	27,826	110,861	8,193
2002	28,066	117,286	11,013
2003	28,900	143,593	19,806
2004	30,204	197,925	38,260
2005	30,544	216,950	39,946
2006	30,053	200,434	32,066
2007	31,063	222,067	36,794
2008	33,136	306,424	44,469
2009	29,530	269,539	31,723
2010	33,716	325,820	37,844
2011	37,325	391,717	31,888
2012	37,986	356,649	24,995

자료 : 포스코50년사

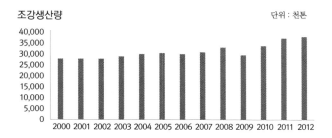

조강생산량   단위 : 천톤

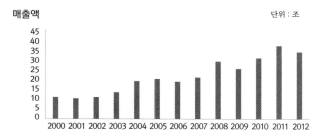

매출액   단위 : 조

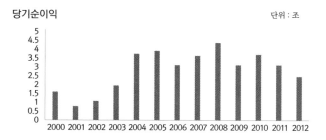

당기순이익   단위 : 조

포스코의 글로벌 경쟁력도 빛을 발하기 시작했다. 중국이 아직 자체 철강수요를 감당할 수 없는 절호의 기회를 놓치지 않았다. 포스코 차이나 본사, 장가항의 포항불수강공장(스테인리스 제철소), 쿤산의

포스코 가공공장, 태국의 포스코 타일랜드 본사 및 공장, 베트남 하노이의 VSP공장, 붕타우 열연공장 등이 이 시기의 성과이다. 2011년 포스코 매출은 사상 최대인 39조를 기록하였고 조강생산량은 3,700만 톤을 달성하였다.

현장에서 근무했던 엔지니어는 이렇게 표현했다. 포스코는 경영진이 '지금이 위기다'라고 말하면 그 위기를 진심으로 받아들인다. 그동안 신일철이나 도요타, GE방식 등 전 세계에서 좋다는 경영기법을 다 도입해 보았지만 우리 실정과 맞지 않아 시행착오가 많았다. 이 과정에서 포스코만의 독특한 방식이 생겨나기 시작했다. 그게 '포스코 웨이(POSCO Way)'라고 설명했다.

포스코 정신

포항에는 포스코 출신들이 참으로 많다. 현장근로자 출신은 물론이거니와 사무직에 종사했던 분들까지 다양한 분들이 정착해서 살고 계신다. 중도에 그만두신 분들이나 정년이나 임원까지 하고 퇴직한 분들까지 적어도 시민의 1/3은 포스코 종사자와 직·간접적으로 영향을 맺고 있는 것이 현실이다. 그들에게 나는 포스코 직원들의 경쟁력은 무엇이냐고 여러차례 물어보았다. 누구를 막론하고 나오는 대답은 '인재육성'이었다. 현장과 사무직을 막론하고 철저하게 교육을 시켜서 전문역량을 키우고 이들을 역할에 맞게 배치하여 역량을 발휘하게 하였다. 경영진은 이런 원칙을 철저하게 지켰고 조직

시스템도 여기에 맞추어 운영되었다. 조직에서 반대가 없으니 체계적인 교육훈련과 인재양성이 체질화되어 있다. 결국 이런 노력이 전체적인 현장에서의 기술경쟁력, 제품경쟁력으로 나타난다고 이야기하였다.

그리고 또 한 가지, 박 회장과 함께 근무했던 직원들, 적어도 1990년 말까지 입사한 직원들은 포스코에 대한 자부심이 대단하다. 그야말로 '제철보국'을 이루었고 그 일원임을 삶과 직장의 자랑으로 삼고 있다. 그런 자부심이 보다 책임감을 가지고 철저하게 맡은 바 임무를 수행하는 원동력으로 작용했다. 누가 뭐라해도 이런 '포스코 정신'이 조직을 살아 숨 쉬게 만들고 있었던 것이다.

포스코는 2019년 국내 최초로 세계경제포럼(WEF)이 선정하는 '등대공장'에 선정되었다. 등대공장은 4차 산업혁명의 핵심기술을 적극 도입해 세계 제조업의 미래를 혁신적으로 이끌고 있는 공장으로 전 세계에서 26곳(2019년까지)만이 뽑혔다.[3] 50년 동안의 축적된 현장 경험을 가진 중후장대한 전통의 굴뚝공장이 스마트팩토리로 바뀐 것이다.

오라클의 제품도 이들의 이런 노력(?) 덕에 그렇게 숱하게 분해되고 조립되고 또 시스템 오류를 겪었던 모양이다.

2

1990년대 중반 미래에 대한 논의 시작, 그러나 버거운 현실

　1998년에 개봉된 영화 '접속'에 포항이 배경으로 나온다. 여주인공 수현(전도연 분)이 짝사랑하는 기철(김태우 분)이 근무하는 회사가 포항에 있는 포스콘(현재 포스코ICT) 기술연구소이다. 포항근무를 하게 되는 기철은 여자친구(수현의 절친)와 결혼해서 포항에 오고 싶어 했지만 여자친구가 따르지 않는다. 수현은 그런 기철에게 마음을 전하고자 포항을 방문한다. 배경이 되는 곳이 북부해수욕장(현 영일대 해수욕장)인데 포스코 야경도 나오고 그런다. 결국 수현의 짝사랑은 이루어지지 않고…. 뭐 그렇게 진행되는 스토리이다. 1998년이 되면 이미 서울에 있는 젊은 연인들에게 너무 먼 지방근무는 용납되지 않았던 모양이다. 그런 곳이 포항이라는 게 참 흥미로웠다. 비록 그때도 포항은 비행기가 다니는 부자동네(?)였지만 KTX가 없을 때이니 공간적, 심리적 거리감이 대단했던 모양이다. 젊은이의 수도권 집중은 그 이후에도 계속 심화되었으니 지역의 도시들이 아직도 유지되고 있는 것이 신기할 따름이다.

탁상 논의만 무성한 미래 대안

1990년대 중반 이후가 되면서 포항은 철강단일산업구조에서 벗어나 새로운 도시성장동력을 찾자는 논의가 활발하게 이루어진다. 마침 시작된 지방자치시대를 맞아 다양한 어젠다가 제시되고 활발한 토론이 이루어졌다. 포항의 미래에 대한 비전은 대략 몇 가지로 수렴되어 진다.

첫 번째는 환동해 시대의 중추도시로서 위상을 강화해야 한다는 주장이었다. 1996년 6월 상공회의소 주관으로 개최된 '세계화·지방화 시대의 환동해 발전과 포항의 선택' 주제의 심포지엄에서 발표자(홍철 박사, 교통개발연구원)는 "철강산업, 첨단연구산업도시인 포항과 세계적 역사도시이자 교통의 중심지인 경주가 환동해권 도시 간의 경쟁에 이기기 위해서는 연담화가 필요"하다고 주장했다. 여기에 대구와 구미와의 협력도 절실하다고 역설했다. 한영광 포항대학교 교수는 "대규모 민간자금을 유치하여 SOC 확보에 노력하고 무엇보다 철강산업 사양화에 대비하여 다양한 철강가공산업 유치"를 주문하고 있다.

두 번째, 이 시기 개최된 여러 토론회에서 지역대학의 교수들을 중심으로 포항에 테크노폴리스 조성을 강력하게 주문하고 있다. 포스텍 이전영, 소병희, 서의호 교수, 경북대 최용호 교수가 그들이다.

최 교수는 "포항지역은 이미 집적된 세계적 규모의 철강생산시설과 학술연구기관이 있는 만큼, 산업기능과 연구기능을 결합함으로써 연구 성과의 상품화를 유도하기 위한 테크노파크 조성이 필요"하다고 강조했다. 특히 이런 논의 중에서 테크노파크 조성은 구체화되어서 2000년 4월 '포항테크노파크'가 발족하게 된다.

1997년 6월 포항상공회의소 주최로 개최된 '97 지역경제발전 심포지엄 '경북 동해안 발전과 기업의 역할을 위한 포항 선언'에서 "포항지역의 생산 및 교육·연구 기능과 연계한 테크노파크를 조성하여 과학기술의 수준 향상을 통한 생산성의 향상과 우수 인력의 양성을 도모하여 대외 경쟁력을 강화하여 명실상부한 과학 기술도시로의 위상을 확립한다"고 천명하고 있다. 이 시기 논의되었던 테크노파크는 장기적으로는 50~80만 평 수준의 테크노폴리스 조성을 목표로 하는 것이었다.[4] 그러나 포스코 참여, 재원 부족 등의 이유로 대규모로 추진되지는 못하였다. 2000년 이후 '포항테크노밸리'라는 SPC(특수목적법인)가 세워지면서 테크노폴리스 조성을 시도했지만 무산되었다. 이 내용은 별도의 챕터에서 설명이 필요하다.

그리고 여전히 경주의 역사문화유적과 포항의 해양자원을 결합한 문화관광, 해양관광 개발전략도 활발히 논의되었다.

좌초한 현대중공업 공장과 포스코 연료전지

기업유치는 예나 지금이나 지역발전에 필수적인 조건이다. 포항에서 벌어진 현대중공업의 30만 평 블록공장 유치 문제는 그 당시 지역에서는 큰 이슈였다. 2004년 2월 포항시와 현대중공업이 영일만항 배후산업단지에 30만 평 규모의 조선산업단지를 조성하겠다는 양해각서를 체결했다. 시민들은 환호했다. 1단계 공장 4만 평은 2005년 11월 준공되었다. 그러나 2006년 2단계 추가 조성하는 27만 평은 백지화되었다. 명목상 이유는 임대가격 차이지만 울산에서 대체부지를 제공하면서 투자유치가 무산된 것이다. 현대중공업 포항 이전 추진이 공개되자 울산에서 반대여론이 극심하게 일어났다. 급기야 울산시가 SK부지 10여만 평을 용도 변경해 현대중공업에 제공하면서 유치는 불발되었다. 2006년 지방선거에서 울산시장 후보들은 현대중공업 포항 이전 반대를 주요 공약으로 내걸었다. 지역에서 제조업 공장유치에 사활을 걸고 있던 때의 풍경이다. 조선 경기가 호황이었으니 포항이나 울산이나 양보할 수 없는 사안이었기 때문이다.

포항시가 2단계 부지조성에 120억 원을 투입하면서까지 노력하였으나 닭 쫓던 개가 되어 버렸다. 크게는 2만 명 이상의 인구가 증가되면서 새로운 경제적 동력을 얻게 될 것이라는 꿈이 하루아침에 신기루가 되어 버렸다.[5]

2000년대에 벌어진 또 다른 실패사례는 포스코 연료전지 공장을 들 수 있다. 포스코는 2008년 9월 영일만항 배후산업단지에 세계 최대규모 발전용 연료전지를 준공해 상업생산을 시작했다. 연간 50MW 규모의 발전용 연료전지 공장은 포스코가 미국 FCE(Fuel Cell Energy)로부터 생산기술을 도입하여 신규 사업으로 과감하게 투자한 사업이다. 포스코는 2003년부터 차세대 성장동력의 하나로 연료전지 사업을 적극 추진해 왔다. 2세대 기술 확보를 통해 국산화와 대량생산을 달성하고 3세대 원천기술과 상용화를 통해 세계 연료전지시장을 선점하겠다는 목표를 제시했다. 이를 위해 포스코는 2012년까지 1,700억 원을 투자할 계획이라고 밝혔다.[6]

그러나 그 이후의 상황은 녹록지 않았다. FCE로부터 도입한 기술은 아직 완성된 기술이 아니었다. 전국에 포스코 간판으로 설치된 연료전지 발전소에서 계속 문제가 발생했다. 설치된 발전소의 유지운영비용은 계속 증가했다. 생산시설 투자와 영업적자를 합쳐 손실이 1조 원을 넘어서면서 철수가 구체화되었다. 사업추진에 난항을 겪으면서 연료전지의 판매에 따른 손실의 누적으로 사업의 지속 자체가 불가능한 것으로 나타났다. 부정적인 면만 부각된 것이다.[7]

2019년 최정우 회장이 취임하면서 부진한 사업 정리의 신호탄으로 포스코에너지의 연료전지사업이 지목되었다. 포스코에너지는 연료전지사업 분리·매각 작업을 구체화하기 위해 연료전지 전문회사인 한국퓨얼셀을 설립했다. 영일만배후단지에 포스코연료전지공장은 아직도 새로운 주인을 기다리며 쓸쓸하게 서 있다. 수소경제시대가 화두인 현재에 좀 아이러니한 장면이다. 세계의 연료전지산업은 여러 기술적 어려움을 극복하면서 성장해가고 있음을 감안하면 더 더욱 그렇다. 주인없는 포스코의 특성상 2~3년마다 바뀌는 전문경영인이 장기적인 안목을 가지고 연료전지사업을 다루지 않은 것도 사업철수의 큰 이유로 지적된다.

포스코의 연료전지 사업은 퍼스트 무버(first mover) 사업으로 추진한 프로젝트였다. 새로운 제품이나 기술을 빠르게 따라가는 패스트 팔로어(fast follower) 전략에서 벗어나 새로운 분야에서 산업의 변화를 주도하고 개척하기 위해서 시작한 것이었는데 좌초한 것이다. 그게 포항의 영일만배후산업단지에서 일어났다는 게 안타깝다. 연료전지 공장 준공식이 있던 2008년 테크노파크 원장을 모시고 그 자리에 참석했던 기억이 선명하다. 그리고 뭔가 될 것 같은, 이건 분명히 성공해야 될 것 같은 그런 느낌으로 가슴이 벅차올랐던 기억이 떠오른다.

1995년 강남대로에 포스코센터가 개관하였다. 이제 젊은 인재들이 굳이 포항에서 근무해야 될 이유가 없어졌다. 포스코는 회장을 비롯한 주요임원들의 근무 장소가 바뀌었다. 포항은 그저 주소지를 가진 본사일 뿐이다. 포스코건설은 인천 송도국제도시 건설을 위해 실제 본사의 기능을 하는 서울사무소를 2010년 강남역에서 인천 연수구 송도국제도시로 이전하였다. 사실상 본사 기능을 송도로 옮긴 것이다. 의리(?) 때문인지 지방세 부과 때문인지는 모르지만 형식상 본사는 아직 포항에 있다.

3

추월당하는 포스텍

포항시청에서 포스텍 등 미래전략산업을 담당하고 퇴직한 과장의 말을 잊을 수 없다. "4세대방사광가속기에 포항시가 400억 원 이상을 매칭 지원했는데 제일 어리석은 투자였다"고 투덜거렸다. 4세대 가속기연구소는 2016년 완공되었는데 2011년부터 5년 동안 총사업비 4,298억 원이 들었다. 총길이 1.1km에 이르는 거대한 기초과학 시설물로 포스텍과 지곡주택단지 사이에 건설되었다. 포항에는 이미 3세대가속기가 1994년 설치되어 성공적으로 운영되고 있었다.

확고한 연구중심대학의 위상

가속기는 엄청나게 작은 세계를 볼 수 있는 '수퍼현미경' 내지 '초고속 카메라'이다. 나노 공간에서 일어나는 현상을 파악하기 위해 전자를 가속시키고 짧은 파장을 가진 빛을 만든다. 이런 빛으로 감기 바이러스가 세포에 침투하는 과정까지 볼 수 있다.[8] 4세대가속기는 3세대가속기를 보유하고 있는 포스텍으로서는 숙원사업이었다. 그동안 대전 과학권의 비토로 무산되다 이명박 정권이 들어서고서야 예산을 확보하여 완공할 수 있었다. 그런데 건설비용이 천문학적이고 우리나라 최대의 연구시설물로 등재될 정도로 사립대학에서 감당할 만한 수준은 아니었다. 예산을 써야 할 곳도 많은 기초지자체에서 비용을 댔으니 푸념이 나올 법도 하다.

포스텍은 개교 이후 승승장구한다. 우리나라 최초 '연구중심대학'을 표방하고 각 분야에서 혁혁한 연구 성과물로 서울대를 비롯한 기존 대학을 위협하기 시작한다. 포스텍이 등장하고서야 국내 대학들도 비로소 연구다운 연구를 하고 SCI논문에 등재되는 논문을 쓰기 시작했다. 2006년에 발표된 교육인적자원부의 자료에 따르면 포스텍은 전임교원대비 시간강사 비율이 7.1%로 전국 최저로 10.5%로 2위를 차지한 포천중문의과대학교와 상당한 차이를 보이고 있다. 이는 교육의 질 면에서 다른 어떤 대학교보다 높다는 것을 의미한다. 그리고 교원 1인당 학생 수에 있어서도 6.4명으로 전국의 4년제 대학교 중에 6위를 차지하고 있다. 특징적으로는 전국에서 학생 1인당 도서관 예산을 가장 많이 지출하는 대학교이다. 교육인적자원부 2006년 자료에 따르면 포스텍은 1년에 학생 1인당 150만 원이 넘는 도서관 예산을 지출하고 있다. 2위인 한국정보통신대학교와는 거의 2배의 차이를 보이고 있다. 2005년에는 중앙일보 대학종합평가에서 4년 연속 1위를 하는 기염을 토했다.

포스텍 학생들은 매년 가을 카이스트와 '포-카전'이라는 스포츠 교류전을 열어 학교위상을 높이고 자존심을 뽐낸다. 과학기술계 대학에서는 서울대, 카이스트, 포스텍 3개 대학이 선두그룹을 유지하고 있다는 자부심도 대단하다. 포스텍을 선호하는 '덕후'들이 있어서 입학정원을 채우는 것은 문제가 아니라고 그런다. 사실 대구, 경북을 비롯하여 심지어 해외의 유수의 대학과 연구소에 포스텍 졸업생 출신이 실력으로 경쟁하여 자리 잡아 가고 있다. 테크노파크에서 각종 과제와 평가심사에 심사위원을 초빙하다 보면 포스텍에서 학위를 취득한 분들이 많다. 지역의 대학과 연구소에서 탑클래스를 형성하고 있음을 부인할 수 없다. 포스텍 캠퍼스를 걷다 보면 외국에서 유학 온 대학원생들을 심심치 않게 목격한다. 국제화가 많이 진행된 것이다. 언젠가 포스텍 박사과정 학생에게 포스텍의 장점이 무엇인지 물었다. 그 친구는 주저함 없이 마음껏 공부할 수 있고 연구할 수 있는 것이라고 답했다. 도서관에는 국내외 학술잡지를 원하는 대로 탐독할 수 있고 도서관 자리는 항상 넉넉하다. 탁월한 면학 분위기(주변에 술집이나 공부를 방해할 거리가 정말 부족하다)만큼은 타의추종을 불허한다. 2004년에 개관한 박태준학술정보관에 앉아서 책을 보고 있으면 세상만사 잊고 '무릉도원'에 있다는 느낌을 받는다.

성장하지 않는 포스텍

그런데 거기까지이다. 명(明)이 있으면 암(暗)도 있다. 2009년 울산에 울산과학기술원(UNIST)이 개교하였다. 2011년는 대구에 대구경북과학기술원(DGIST)이 입학생을 받았다. 울산의 학부입학정원은 440명이고 대구는 220명(2022년 기준)이다. 과학기술부의 지원을 받는 과학기술특성화대학교는 위 두 학교를 포함하여 KAIST(입학정원 713명), 광주과학기술원(입학정원 200명), 2022년 개교한 한국에너지공과대(110명) 등 총 5개 학교이다. 포스텍만 연구중심대학인 시대가 지나간 것이다. 동남권에도 확실한 경쟁자가 생겨났다.

경쟁은 전국적으로 일어난다. 2022년 입학기준 서울공대 정원은 824명, 연세대 공대 809명, 고려대 공대 697명이다. 포스텍 학부입학정원은 개교시 300명에서 현재 320명 수준이다. 별로 늘지 않았다. 양(量)이 질(質)을 좌우한다는 이야기가 있다. 개교 이후 왜 정원을 늘리지 않았을까. 적어도 KAIST만큼은 늘려야 했지 않았을까. 기회가 많았을 것인데 안타깝다.

대구와 울산에 두 학교가 개교한 후 명망이 높았던 포스텍 교수들이 썰물처럼 빠져나갔다. 국가과학자로 선정되었던 탁월한 분들마저 두 학교로 자리를 옮겼다. UNIST의 학교시스템은 포스텍을 2010년대 수준으로 업그레이드했다고 보면 될 것이다. 교수뿐만 아니라 실력 있던 교직원들도 함께 이직했다. 효자버스터미널에서 출퇴근하는 분들을 종종 목격하기도 했다. UNIST 학부에는 포스텍에 없는 경영과학부가 생겼다. 그리고 일찍부터 이차전지 등 미래 시장성이 높은 분야에 전략적으로 연구를 집중하고 투자하였다. 포스텍에서 이직하신 분이 총장, 부총장을 맡았다. 포스텍에서 놓치고 있던 부분을 여기에서 실행한 것이다.

이런 상황에 대해서 포스텍 중견 교수에게 물으니 "요즘은 교수들도 연구비나 대우 때문에 이직한다"고 고백했다. 특히 포스텍 바이오분야에서 주요한 교수들이 이직한 부분은 아직도 기억에 남는다. 1989년 분자생물학을 타겟으로 개설된 생명과학과는 선택과 집중으로 전국대학 중에서 탁월한 연구 성과를 쌓아나갔다. 그때는 뭔가 큰 게 터질 것 같은 분위기가 있었다. 그런데 황우석 박사 사건이 생기고 주변에 과학특성화대학들이 생기면서 교수들부터 빠져나갔다. 국가과학자니 석좌교수니 하는 타이틀을 가진 분들이 떠났다. 나는 이해할 수 없었다. '어떻게 본인들 손으로 애써 만든 과를 그렇게 내팽개치고 갈 수 있을까. 한마디로 창업자들 아닌가, 제자들이나 구성원은 어찌하라고 저러나. 이 학교는 참 의리도 없구나' 뭐 그런 생각을 했던 적이 있다.

리더쉽의 위기

그때 포스텍 교수 내부에서도 알력이 있었던 것으로 기억한다. 학교가 개교한 지 20년이 지나가면서 교수들은 과별로 지향하는 비전이 달라졌다. 어느 쪽에서는 산학연 집합체인 테크노폴리스로 가자는 쪽도 있었다. 미래산업인 바이오를 키우기 위해서는 병원이 필요하다며 재단의 투자나 유치를 강력하게 주장하는 그룹도 있었다. 물론 연구중심대학으로 강점을 계속 살리기 위해 가속기 도입을 주장하는 과학자 그룹도 있었다. 결국 가속기연구소 유치 쪽으로 결론이 난 것일까. 그런 사정을 내가 가늠해 볼 수는 없다. 그러나 학교는 이미 개교 총장인 김호길 박사가 1994년 학교체육대회에서 어이없는 사고로 급서하면서 리더십이 흔들렸다. 이후에도 학교의 비전과 지향점이 김 총장이 만든 궤도를 벗어나지 못하고 있다. 연구중심대학은 어디로 방향을 잡아야 하는 것일까.

심지어 2011년부터 2019년까지 포스텍 자체적으로 총장을 배출하지 못하고 외부에서 영입하였다. 포스코는 외부 영입 회장을 그렇게 싫어하면서 포스텍에 외부 인사를 영입하여 개혁이나 혁신을 추진하려고 했던 것을 보면 참 이해하기 어렵다. 2021년 초 포스텍이 사회에서는 포스텍을 국립으로 전환하는 방안이 논의된 것으로 알려져 화제가 되었다. 최정우 이사장이 포스텍을 국가에 기부 채납하는 방안에 대한 의견을 이사들에게 물었다고 한다. 이에 김무환 총장이 "국립과학기술특성화대로 전환된다면 국가 전체적으로 봐서는 좋은 방향이지만 포항공대가 가진 사립대로서 발전 방안이 약화할 수 있어 어떤 방안이 좋을지 지속해서 고민해 볼 필요가 있다"고 말했다고 전한다.[9] 장기 재정문제가 학교 운영에 부담이 되고 있음을 내비치는 대목이다. 이를 들은 지역의 한 인사는 "참 자신이 없는 모양이다. 포스텍이 어떤 대학인가, 박 회장이 그렇게 애를 써서 만든 대학인데, 아이고!"라며 장탄식을 날렸다.

벤처생태계 체인지업그라운드

벤처 생태계에 도전

긍정적인 변화의 바람도 불고 있다. 2021년 7월 포스코가 포스텍 교내에 스타트업 공간인 '체인지업그라운드'를 개관하고 지역의 대규모 창업육성 거점으로 키워 나가겠다고 밝혔다. 포스텍, 포항산업과학연구원(RIST), 포항 방사광가속기, 포스코기술투자 등 2조 원의 연구시설과 5,000명의 연구인력이 집적된 산학연 협력체계에 기반해서 세계 최고 수준의 벤처밸리를 구축할 계획이다. 총 90개의 업체가 입주가 가능하고 현재까지 기계, 반도체, 정보통신, 바이오 등 다양한 첨단 스타트업 63개사가 입주했다.[10] 최정우 회장이 취임하면서 외친 벤처밸리 구상이 가시화된 것이다. 이 건물은 면적이 2만

8,000㎡로 830억 원의 건립비가 투입된 최첨단 시설물이다. 이 건물의 운영책임을 맡은 이는 포스텍 1회 출신인 기계공학과 박성진 교수이다. 그는 현재 포스코 산학연협력실장을 맡고 있다. 지속적으로 포스텍의 벤처생태계화를 주장해 왔던 박 교수는 이 업무의 적임자로 낙점되어 조기 활성화를 위해 혼신의 힘을 쏟아붓고 있다.

포스텍 주변의 창업에도 변화의 바람이 불고 있다. 내가 테크노파크에 처음 왔을 시점인 2000년대 초반, 포스텍에도 벤처바람이 불었다. 주로 바이오 분야 교수들을 중심으로 창업이 이루어졌는데 시스템 부족, 경험 부족으로 사업을 거의 다 접었다. 유일하게 살아남은 업체가 포스텍 바이오를 이끌고 있는 제넥신이다. 포스텍 성영철 교수가 설립한 회사로 항체융합단백질과 면역치료제를 개발하고 있다. 이 업체는 2009년 코스닥에 상장되었다. 현재 포스텍 바이오이노베이션센터 건립에 일익을 담당하고 여전히 학교에서 제품 개발에 주력하고 있다.

포항테크노파크에도 자율주행차의 영상인식 및 비전 알고리즘을 개발하는 업체가 있다. 50명 이상의 프로그래머를 고용하여 제품 개발에 주력하고 있는데 포항에 본사를 두고 있다. 현대모비스, 현대자동차, LG전자 등으로부터 수백억 원의 투자자금을 유치했다. 그만큼 기술력을 갖추었다는 방증이다. 이 회사 주요 창업자의 한 사람은 포스텍 출신이다. 1세대 벤처에서 잔뼈가 굵은 포스텍 출신들이 자본과 기술을 축적하여 학교와 학교주변으로 환류하고 있다. 연어들이 고향으로 회귀하는 것과 같다. 포스텍 학부 출신의 교수들이 이제 학교에서 자리 잡아 확실한 허리를 구축하고 있다. 애교심과 구심점이 생겨나고 있는 것이다. 놓칠 수 없는 희망이다. 벤처지원의 경우에도 2000년대 초반과는 달리 포스텍은 엑셀러레이터와 지원인력 등 다양한 지원시스템을 갖추었고 창업투자펀드도 많이 확보했다. 포스코기술투자가 직접 나서기도 한다. 이런 투자가 누적되면 변곡점에서 분명히 성과가 날 것이다.

십수 년 전 일이다. 포스코에 계측시스템을 주문받아 납품하던 테크노파크 입주업체 대표가 이렇게 말했다. "회사가 좋아지니 포스텍 출신이 회사에 지원합니다. 채 과장님 어떻게 해야 합니까" 웃지 못할 장면이다. 그러나 그 사장은 결국 포스텍 출신을 뽑지 못했다. 포항에서는 포스텍 출신이 지역에 취업하여 정착하지 않는다고 탄식한다. 포항철강관리공단에 대기업이 아닌 중견·중소기업에 취업한 포스텍 출신이 얼마나 있을까. 그들을 취업시킬 만큼 연봉을 줄 수 있을까. 아니면 그들이 학교에서 배워온 R&D를 할 수 있는 일거리나 사업 분야가 있을까. 결국 포스텍 출신들이 취업하는 곳도 서울·수도권 등 지역은 달라도 기업들인데 말이다. 어렵다고 무턱대고 지원만 외치는 지역 업체들의 맹성이 필요한 대목이다.

포항가속기연구소에 근무했던 직원들은 재취업이 잘된다. 전국에 가속기 건설 붐이 일고 있기 때문이다. 대전 대덕에는 1조5,000억 원이 투입되어 중이온가속기가 건설되고 있다. 충북 오창에는 1조

5,000억 원이 투입되어 다목적 방사광가속기가 들어선다. 경주에도 양성자가속기가 있다. 포항이 가속기 분야에서는 원조라 교수는 물론 엔지니어들도 이직이나 퇴직 후에도 새로운 곳으로 옮겨간다. 다만 가속기를 유지 운영하는데 필요한 제어기술, 진공기술들이 상업화되는데 많은 성과를 내지 못했다. 많은 업체들이 테크노파크 주변에서 지금도 노력하고 있으나 지지부진하다. 이들 업체가 무럭무럭 성장했으면 포항에 일자리가 생기고 가속기 주변에 산업클러스터가 형성되었을 것인데 안타깝다.

포항가속기연구소는 2017년 과학기술부에 기부 채납되었다. 연간 운영비를 감당할 수 없었기 때문이다. 2018년부터 5년 동안 포스텍에 위탁 운영되어 시스템이 유지되지만 이 기간이 끝나면 그야말로 국가출연연구원이 된다. 김호길 총장이 살아계셨으면 뭐라고 하셨을까 궁금하다.

4

서서히 사양화되는 포항 철강산업

포항의 명실상부한 최고의 유흥가는 포항시외버스터미널 주변이다. 전성기 때는 길 건너 복합쇼핑몰인 밸류플러스 주변으로 수백 개의 모텔과 식당, 술집, 룸살롱이 산재해 있었다. 전성기 시절, 터미널 유흥에 정통한 친구에게 전화해서 예약을 잡아야만 룸을 잡을 수 있었다. 이 지역은 기업도시 포항의 전성기와 오롯이 부침을 함께해 왔다. 누구는 룸살롱을 해서 돈을 많이 벌어서 이혼하고 다른 지역으로 갔다는 이야기가 떠돌았다. 전국에서 돈이 흐르는 포항으로 전국의 여급들이 몰려들었다.

시내 지역 역시 나이트클럽들로 불야성을 이루었다. 20~30대가 놀던 지역과 '부킹'이 성행하던 성인나이트들이 있던 곳은 구분되었다. 서울에서 유명한 가수들이 오는 날이면 시내 곳곳에 플래카드가 나붙었고 주말 저녁이라도 되면 발 디딜 틈 없이 손님이 몰려들어 몸을 부비고 소리 높여 노래를 따라 불렀다. 포항시내 한의원에서 가장 많이 팔리는 약이 술병으로 위장과 간이 탈 난 남편들에게 줄 보약이었다는 이야기들이 떠돌던 시절이었다. 그중에서 육거리 KH 한의원이 단연 원톱이었다.

1992년에 포항 철강관리공단 업체에서 직장생활을 시작, 지금 은 그 회사의 임원으로 있는 친구는 이렇게 회상했다. "처음에 입사 해서는 포스코와 가까운 해도, 송도에서 술을 먹었고 기분이 좋아지 면 오거리, 육거리 쪽으로 2차를 갔다"며 "그때는 여급이 동석하는 룸살롱이 일반적이어서 3차까지 달리면 새벽 3~4시가 되어서야 술 자리가 끝났다"고 설명했다. 친구의 신나는 회고는 계속 이어진다. "90년대 중반 이후가 되면서 터미널 주변으로 유흥가가 집중되었 다. 그때는 철강공단업체 뿐만 아니라, 공무원, 자영업자 등 모든 포 항시민들이 거기서 술을 먹고 흥청거렸다"며 "2010년이 넘어가면 서 포스코가 정도경영을 선언하고 유흥문화도 바뀌었다. 경기도 나 빠졌다"고 옛날을 추억했다.

위기 아닌 위기의 지속, 철강공단

터미널 유흥가의 몰락처럼 포항철강산업(엄격하게 구분하자면 포스 코는 제외), 철강공단의 활력도 IMF위기를 거치고 경쟁지역이 생기면 서 2000년대 이후 서서히 가라앉고 있었다. 포항에서는 IMF한파가 그렇게 크지 않았다고 전해온다. 일부는 맞고 일부는 틀린 이야기이 다. 철강공단업체 사정을 살펴보면 생산액은 4조6,000억 원(1997년)

에서 4조7,000억 원(1998년)으로 소폭이나마 성장했다. 특히 수출은 9억2,000만 달러(1997년)에서 14억5,000만 달러(1998년)로 무려 56%가 증가하였다. 포스코처럼 철강공단업체도 수출로 이 위기를 극복한 것이다. 조선, 건설 등 내수가 30% 줄어들었음에도 수출은 환율의 영향으로 폭발적으로 늘어났다.[11] 포항은 IMF때에도 팽팽 돌아갔다는 이야기는 이 때문이다.

그러나 깊은 상흔도 목격된다. 철강관리공단의 고용인력이 1만 8,971명(1997년)에서 1만6,000명(1998년)으로 16%나 줄어들었다. 주요업체들 중심으로 인력 구조조정을 진행한 것이다. IMF여파로 18개 업체가 부도로 문을 닫았다. 방만한 경영에 철퇴가 내려졌다. 이런 불황은 1999년 말이 되면 조금씩 정상화되기 시작한다. 부도가 났던 업체들은 경매가 진행되어 새로운 주인을 찾았고 포항제철소의 설비투자가 늘어나면서 공단 업체들도 매출이 늘어나기 시작했다. 전국에 몰아닥친 IMF한파에 비하면 상대적으로 피해가 덜했다고 보는 것이 맞는 말이긴 하다.

IMF한파로 조성계획이 중단되었던 철강공단 4단지는 포항시 남구 대송면 옥명리 일대 66만 평 규모로 2001년 착공되었다. 입주업체 대상 ㎡당 10만3,606원에 분양하였는데 2006년 준공되었으며 순조롭게 분양이 완료되었다.[12]

2000년대 초반 포항철강공단의 성장은 중국경기의 호황 때문이었다. 중국경제가 성장에 가속이 붙었지만 제철소가 아직 완성되지 않자 철강수요가 증가하면서 한국이 수혜를 누린 것이다. 2002년 8조2,000억 원에 머물던 철강공단 생산액은 2008년에 이르면 16조1,000억 원에 이른다. 2배 가까이 성장한 것이다. 포스코의 매출이 30조 원을 돌파하던 시점과 겹친다. 포스코가 중국 수출 중심으로 성장하고 현대제철, 동국제강, 세아제강 등 철강 대기업이 성장을 떠받들면서 공단업체들도 날개를 단 것이다.

걱정이 없었던 것은 아니다. 2004년 12월 지방분권운동포항본부에서 주최한 '철강산업 경쟁력 향상과 고용안전을 위한 노·사·공 토론회'에서 스틸앤스틸 서정헌 박사는 "포스코 중심의 독과점적 시장구조와 정부의 건설 등 수요산업에 대한 강력한 산업정책 때문에 철강산업이 과대평가 되었다"고 지적하였다. 철강과 수요산업의 불균형, 국내와 해외시장의 불균형, 상하공정간 불균형 등 구조적 문제점을 열거하였다. 그리고 "중국의 빠른 부상으로 볼 때 경쟁력의 과대평가는 철강업의 사양화 속도가 예상보다 빠르게 진행될 수 있다"고 분석하였다. 지역사회 이해관계자들이 머리를 맞대어 "고용창출에 초점을 맞춘 미래지향적인 산업 다각화가 필요"하다고 주장했다. 토론에 참석한 김무형 위덕대 교수는 "포항이 미래에는 해양관광, 철강, 첨단과학을 아우르는 환동해경제권의 중심도시를 모토로 비전을 수립"해야 한다고 역설하였다. 때로는 토론장에서 포스코 측 대표와 금속노조 지회장간의 뜨거운 장외토론이 벌어지기도 했다.[13]

포스코, 포항철강공단, 연도별 현황

단위 : 천평, 조, 억불, 명

연도	입주업체수	분양 면적	생산액	수출	고용	포스코 매출액
1997	203	2,667	4.7	9.26	18,971	9.7
1998	211	2,344	4.8	14.5	16,000	11.1
2000	217	2,344	5.9	14.3	16,505	11.6
2002	221	2,318	7.5	12.6	16,107	11.7
2004	227	2,355	12.2	22.6	15,341	19.7
2006	275	2,682	12.7	25.3	15,686	20
2008	310	2,829	16.2	38.4	16,655	30.6
2010	318	2,829	16.6	45.6	16,286	32.5
2012	342	2,829	17.7	43.9	16,322	35.6
2014	344	3,132	17	44	16,145	29.2
2016	344	3,132	11.7	26.1	14,789	24.3
2018	350	3,132	13.7	31.8	14,418	30.6
2020	357	3,132	11.7	24.3	13,908	26.5
2021	361	3.132	14,6	32	13,733	39.9

자료 : 포항철강관리공단, 포스코50년사

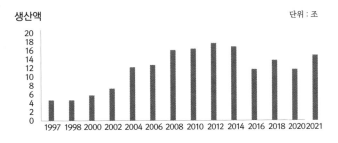

생산액　　　　　　　　　　　　　　　　단위 : 조

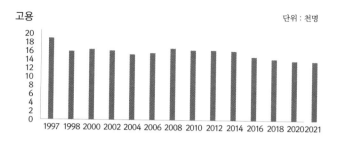

고용   단위 : 천명

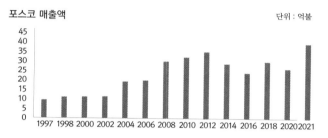

포스코 매출액   단위 : 억불

포스코와 디커플링하는 철강공단

2013년이 접어들면서 포항철강공단은 다시 침체기에 들어섰다. 먼저 포스코가 불황에 빠져들었다. 포스코 매출은 30조 원 아래도 떨어졌다. 중국 철강의 과잉생산과 조선 경기불황이 동시에 닥친 것이다. 성(省)마다 일관제철소를 갖춘 중국은 저급의 범용철강제품을 한국을 포함, 아시아권역으로 밀어내기 시작했다. 철강시장은 혼란에 빠졌고 국내시장은 물론 동남아 등이 싼 중국산 철강재에 의존하면서 상대적으로 국내 철강 수출은 직격탄을 맞았다. 2014년 17조

원에 이르던 포항철강공단의 생산액은 2020년 11조6,000억 원 수준으로 곤두박질쳤다. 1만6,000명 수준을 유지하던 근로자도 1만 4,000명 수준으로 줄어들었다. 심각한 구조조정을 겪고 있는 것이다.[14]

철강공단의 침체는 지역경제에 직접적인 영향을 미쳤다. 포스코를 포함한 철강기업들이 내는 지방세가 급격히 줄어들면서 비상이 걸렸다. 2009년 포스코가 포항시에 낸 지방세는 전체 세입원의 32%인 980억 원에 달했다. 그러나 2013년에는 244억 원으로 줄어들었다. 포항시의 재정자립도는 2009년 53.3%에서 2013년 39.3%로 떨어졌다. 포항시는 KTX 연결도로 건설사업비 50억 원을 확보하지 못해 개통에 차질을 빚게 되었다고 울상을 지었다. 2014년 선거로 새로운 포항시장이 취임하였는데, 당시 포항시 국장은 사석에서 "포스코와 철강공단 불경기로 지방세가 확보되지 않아 신임 시장이 무얼 하려고 해도 재원이 없어 쉽지 않다"고 걱정했다.

산업전체가 흔들린 조선업의 구조조정이 너무 부각되어 상대적으로 철강산업의 불황이 주목을 덜 받은 측면이 있다. 조선산업 특화도시인 울산 동구, 거제, 통영, 군산 등 도시는 고용위기지역으로 지정되고 특별법을 제정하여 국가예산을 투입하여 지원하기 시작하였다.

불황이 심화되면서 근로자도 급격히 포항을 빠져나갔다. 포스코의 신규투자가 중단되면서 한때 3,000여 명에 달하던 건설플랜트 소속 노조원 절반 이상이 울산, 강원 등지로 떠났다. 포스코는 2015년

34개 계열사를 정리하였고 2016년에 추가로 35개 계열사를 매각 또는 청산하였다. 동국제강은 2015년 포항제강소 내 제2후판공장을 폐쇄하고 당진공장으로 후판생산을 일원화하는 구조조정을 했다.[15] 동국제강 협력업체 직원 300여 명은 일자리를 찾아 뿔뿔이 흩어졌다. 불황은 계속 진행되었다. 2018년 미국이 한국산 강관류에 관세를 인상하였다. 포항철강공단의 강관업체의 수출물량 중에서 미국 수출물량이 3분의 2를 차지한다. 강관업체들이 직격탄을 맞았다. 업체는 부도나고 경매가 진행 중이어서 근로자 2,000명은 일자리를 잃었다.[16]

코로나19로 전 세계가 몸살을 앓고 있는 현재, 포스코는 반등에 성공하였다. 3년간의 혹독한 구조조정을 거치고 생산 제품의 우수한 경쟁력과 가격상승을 바탕으로 39.9조 원의 사상 최대의 실적을 달성하였다. 덩달아 철강공단의 업체들도 생산과 수출이 다소 늘었다. 그러나 구조적인 문제가 누적되어 성장이 지속될지는 아직 의문이다. 포항경제는 포스코 경제이다. 포스코의 성장과 침체에 따라 철강공단 경기, 전체 지역경제가 춤을 춘다. 그런데 지금은 디커플링하는 경향이 나타난다. 왜일까.

포항은 포스코에 의존한 철강독점공급체제의 혜택을 누려왔다. 그런데 1990년대 초반 광양제철소가 완공되면서 철강도시의 독점은 끝났다. 결정적으로 현대제철이 2004년 당진의 한보철강공업을 인수하고 그 자리에 일관제철소를 짓기 시작하면서 고로제철소

독점도 끝이 났다. 현대제철은 2010년 1고로 준공식을 시작으로 2013년 3고로까지 완공하면서 전기로 포함 조강생산량이 2,000만 톤에 육박한다. 국내 철강산업은 과점체제가 된 것이다. 국내 철강산업 도시는 포항, 광양, 당진으로 늘어났다. 포스코는 현대자동차라는 막강한 수요처를 갖춘 현대제철과 상대해야 한다. 더욱이 철강산업은 국내 생산 과다로 해외에 수출해야 하는 산업구조인데 10억 톤 조강생산량을 지닌 중국 철강업체와의 경쟁은 필연적이다. 포스코는 고급강 생산을 통해 경쟁력으로 이겨내고 필요하면 연관업체에 구조조정을 전가하면서 살아남을 수 있다. 그러나 철강공단 업체의 경쟁력은 너무 취약하다. 포스코처럼 국제경쟁력을 갖춘 업체가 몇 군데나 될까. 한마디로 속수무책이다. 1990년대 말부터 끊임없이 제기된 '철강산업 사양화'가 마침내 눈앞의 현실이 된 것이다.

혁신하지 않는 철강공단

경북테크노파크에 근무하는 지역산업전문가인 김상곤 박사는 산업네트워크 측면에서 포항철강산업은 자본 네트워크로 연결된 경향이 가장 강한 것으로 분석하였다. 네트워크의 수준이 낮아서 포항철강산업 지역이 산업네트워크라기보다는 공간적 집적 상태에 머물러 있다고 지적하였다. 생산과 판매네트워크 부문에서도 네트워크가 형성되고 있지만 중심은 단연코 포스코였다. 포스코의 역할과 기능이 매우 지배적이고 영향력이 매우 크다. 포항지역 철강산업 네트워크는 포스코를 중심으로 하는 전형적인 허브-스포크형(hub-spoke)으로 분류되었다. 포스코를 통해서 정보를 획득하고 이를 개별업체들이 생산과 판매에 반영하는 구조를 가지고 있는 것이다.[17] 문제는 이런 구조가 진화하지 않고 너무 오랫동안 지속되어 왔다는 것이다. 클러스터를 형성하고 암묵지 교환을 통해서 연구개발과 신제품개발을 진행하고 이것을 국내는 물론 해외에 판매하는 방식은 원활하게 이루어지지 않고 있다. 포스코는 자체적으로 완성했을지 모르지만….

포항지역 경제를 지속적으로 모니터링 해 온 김진홍 한국은행 포항본부 부국장은 "포항지역 중견·중소 철강업체는 그동안 포스코라는 우산 아래서 단순 가공 제품을 생산하는 가격 경쟁력으로 버텨왔다"며 "2007년 세계 금융위기 이후 본격화된 중국 철강의 추격을 이겨내려면 기술개발로 고부가가치 제품을 생산하는 쪽으로 체질개선을 했어야 했는데 그러지 못한 것이 위기의 원인"이라며 안타까워했다. 고부가제품인 고장력강과 교량, 선박, 열차 등에 사용되는 탄소강에서도 일본처럼 연구개발을 통해 제품을 생산하여 경쟁력을 확보해야 한다고 부연했다. 철강만이 아닌 금속소재를 활용해서 중간재가 아닌 최종재 제품을 생산하는 금속소재 전문기업의 육성만이 살길이라는 지적이다. 하물며 포항에는 프라이팬 만드는 회사도 없다.[18]

포스코를 제외한 포항철강공단의 면적은 3백13만 평으로 여의도의 3.6배 규모에 이른다. 포항제철소 2백87만 평을 합치면 광활하기 이를 데 없는 중후장대한 산업단지 지역이다. 조선 경기가 활성화되면서 닫혔던 공장 문이 열린다는 소문이 돈다. 공장을 팔고 부지값이라도 챙기려는 사장님은 떨어진 땅값 때문에 이러지도 저러지도 못하고 있다. 스마트팩토리 업무를 하는 테크노파크 담당 팀장에 따르면 요즘은 워낙 일자리가 없다보니 2세에게 공장을 물려주는 경우가 종종 있다고 한다. 이런 업체들이 정부에서 지원하는 스마트팩토리 사업에 적극적으로 참여한단다. 자식에게 물려주려면 장비도 사야하고 정부지원금도 필요하니 말이다. 슬픈 소식이다.

포항시외버스터미널 주변의 유흥단지는 이제 확연히 쇠락했다. 인근에 2007년 준공되었던 복합쇼핑몰 밸류플러스는 한때 영화관과 마트입점으로 활성화되기도 했지만 그것도 잠시, 긴긴 침체를 이어오고 있다. 엎친 데 덮친 코로나19 여파로 입점업체는 물밀듯이 빠져나갔다. 터미널 유흥단지에서 유일하게 일 년 내내 24시간 손님이 북적이는 곳이 한 군데 있다. 주변의 모텔을 매입하여 헐어버리고 대규모 주차장을 확보하여 영업하고 있는 '쇠고기국밥집'이다. 터미널 유흥단지의 봄날은 다시 오지 않을 것이다. 사람들이 여흥을 즐기는 방식이 바뀌어버렸기 때문이다. 비즈니스를 위한 접대문화도 많이 사라졌다. 오늘도 쓸쓸하게 밸류플러스 영화관에서 '마블영화'를 보고 나서 깨어진 모텔 유리창을 바라보며 걷는다.

5

좌초된 테크노폴리스,
포기할 수 없는 미래의 꿈

1997년, 여름휴가를 이용하여 미국으로 휴가를 갔다. 처음 가는 미국, 나는 샌프란시스코에서 환승하여 형이 있던 텍사스 오스틴으로 갔다. 형은 삼성전자가 미국에 짓고 있는 반도체 공장에 파견을 나가 있었다. 삼성전자 오스틴 공장은 1998년에 완공되었다. 형이 출근하고 나면 나는 숙소 주변을 돌아다니고 형이 일러준 대로 텍사스 주립대학과 주청사 등을 보러 다녔다. 그런데 참 생경한 장면을 목격한다. 회사 건물이 있기는 한데 구릉지의 넓은 지역에 세련된 건물들이 곳곳에 세워져 있는 게 아닌가. 오스틴은 텍사스의 주도이고 텍사스 주립대학이 있지만 휴스턴이나 댈러스에 비해 인구도 부족한 중규모의 도시였다. 다만 텍사스 의과대학을 중퇴한 마이클 델이 델컴퓨터를 창업, 오스틴에 본사를 두고 전 세계 PC시장을 주름잡고 있을 때였다. 퇴근한 형에게 물으니 오스틴에 IT(정보기술) 기업들이 몰려들고 있으며 삼성도 그런 이유 때문에 여기에 공장을 짓는 다고 설명하였다. 나는 구릉지에 자기만의 개성으로 지어져 있던 오스틴의 IT회사들의 건물과 뜨거운 더위를 아직도 잊지 못한다.

1990년대 중반 이후 포항의 미래발전전략으로 테크노폴리스(첨 단기술도시) 조성이 필요하다는 것에는 모든 시민들에게 공감대가 형성되어 있었다. 이 구상은 사실 박 회장에 의해서 구체화 되었다. 1992년 서울대환경계획연구소에 용역을 맡긴 '21세기를 위한 영일 만 광역 개발 구상'에 테크노파크는 미래 프로젝트로 윤곽을 드러냈 다. 포항이 환동해권 경제권역에서 중심이 되려면 영일만항만 개발 과 해상공항 건설, 포스텍과 포항산업과학연구원을 중심으로 하는 포항테크노파크를 추진해야 한다는 것이었다. 외국 경험이 많은 포 스텍 교수들 중심으로 철강산업 이후 첨단산업 중심으로 도시가 발 전하려면 포항에 테크노폴리스 조성이 필수적이라는 주장이 계속 제기되었다. 지역경제발전 세미나, 심포지엄에서 단골메뉴로 등장, 학계나 지역 인사들로부터 충분한 타당성을 검증받기 시작했다.[19]

이 논의를 구체화시킨 이는 포스텍 컴퓨터공학과 교수인 이전영 박사이다. 이 교수는 프랑스에서 학위를 취득하고 1986년 포스텍 1 호 교수가 된 분으로 포스코에(박 회장에게 직접) 이런 아이디어를 전 달했다. 이 교수가 모델로 삼은 곳은 남프랑스에 첨단과학기술단지 로 조성된 소피아앙티폴리스이다. 24㎢(720만 평) 부지에 1974년부터 단지개발에 착수한 이곳에는 국공립연구소, 대학연구소를 비롯하여 IBM사, 다우케미컬, 디지털사 등 세계의 최첨단 국가연구기관과 대기업 연구소, 공장 등 200군데의 기관이 입주해 있다. 연구 인력은 4만 명에 이른다. 그야말로 성공한 테크노폴리스의 전형인 곳이다. 박 회장은 이 교수의 안내로 프랑스 소피아앙티폴리스를 방문하여 포항에서 조성해야 할 테크노폴리스에 대한 개념을 가지고 있었다.

축소되는 테크노폴리스 프로젝트

그러나 이 거대한 프로젝트는 실행자인 박 회장이 일선에서 물러나면서 추진동력을 잃는다. 처음 포항테크노폴리스는 120만 평 규모로 남구 자명리 일대에 조성하는 것으로 구상되었다. 그러다 88만 평으로 다시 50만 평으로 규모가 줄었다. 테크노파크 자료실에 가면 초기에 50만 평으로 작성되었던 계획도면이 아직도 남아있다. IMF 위기를 거치면서 계획은 좌초되는 것처럼 보였으나 정부에서 '테크노파크 조성 시범사업'을 진행하면서 다시 살아났다. 추진 주체는 포스코에서 포항시로 바뀌었다. 민선1기 시장이었던 박기환 시장은 적극적이었다. 그때 갑자기 분위기가 반전되었다. 박 회장이 1997년 보궐선거로 정계에 복귀하고 "내가 지시한 포항테크노파크사업이 근 10년이 다 되어가는데도 아직 첫 삽도 뜨지 못했다"고 질타하자 테크노파크사업은 탄력이 붙었다.

정장식 시장은 1998년 7월 취임일성으로 포항테크노파크사업 본격 추진을 선언했다. 정 시장은 포스코, 포스텍, 포항산업과학연구원, 포항상공회의소의 대표를 한자리에 불러모아 일사불란한 테크노파크사업 추진에 협조를 당부하였다. 그런데 포스코의 반응이 소극적이었다. 포스코는 포항테크노파크 개발뿐만 아니라 각종 지역협력 개발자금을 지자체로부터 요구받는 현실에서 명분없는 지역협력사업은 불가하다는 입장을 가졌다. 이에 어쩔 수 없이 포항시는 대규모 테크노파크 프로젝트는 현실성이 없다고 판단한다. 결국 최초 120만 평 규모에서 88만 평으로 다시 5만7,000평 규모로 조성계획은 축소 조정되었다.[20]

1999년 1월 포항시는 포스텍정보통신연구소에서 포항시, 포스코, 포스텍 인원을 파견받아 테크노파크 실무추진반을 구성하였다. 2002년 4월 포스코가 출연한 부지(지곡단지 5만7,000평)와 포항시에서 지방채를 발행하여 마련한 출연금, 지역업체들이 출연한 금액을 합쳐 4백68억 원을 자본금으로 재단법인 포항테크노파크를 출범시켰다.[21] 이사장은 정장식 포항시장이 맡았다.

정부에서도 IMF외환위기를 겪으면서 기존의 생산요소 투입방식의 산업단지 조성과 지원을 통한 지역개발 방식의 한계를 인식하였다. 산업부에서는 1997년부터 세계의 여러지역 혁신클러스터를 벤치마킹하여 '테크노파크'라고 명칭을 짓고 산업기술단지 지원에 관한 특례법(1998년)을 제정하고 전국에 테크노파크 조성사업을 본격적으로 시행하게 되었다. 특례법 제정을 통해 지역을 중심으로 특정한 공간을 대학, 연구기관, 기관, 지자체가 공동으로 기술을 개발하고 이를 사업화시켜 지역경제를 활성화시키자는 취지를 명확히 하였다. 이 법을 근간으로 산업부와 지방자치단체는 1단계로 1997년 시범사업으로 6개 테크노파크를 지정하였고 2000년부터 순차적으로 12개를 추가 설립하여 현재 전국에는 총 18개의 테크노파크가 지정되어 운영되고 있다.[22]

　포항은 1차 시범사업에서는 고배를 마시고 2002년 12월 부산과 함께 테크노파크로 지정되었다. 이를 통해 테크노파크 국가사업 시행자로 선정되었으며 국비 125억 원을 확보하여 인프라 구축을 효과적으로 진행할 수 있었다. 2003년에는 본부동과 제1벤처동을 완공했으며 2000년대 초반에는 산업통상부 평가에서 우수한 성적을 거두었다. 평가에서 부산을 계속 압도해서 이기자 부산테크노파크에서는 부산시의회 의원들이 버스를 타고 견학을 오기도 했다. 초기 테크노파크사업은 지역대학과의 산학협력이 주 임무였다. 부산시는 광역시의 역량과 걸맞지 않게 엄궁동 동아대학교 부지에서 테크노파크사업을 진행하고 있었다. 그러니 포항 같은 중소도시와의 평가 경합에서 완패하는 아픔을 겪은 것이다. 여기에 자극받은 부산 부시장 출신이었던 부산테크노파크 원장이 시의원들을 설득하기 위하여 포항을 방문한 것이다. 이후 부산은 지사과학산업단지에 대규모 테크노파크 부지를 확보하고 테크노파크 개발을 본격화했다. 그때는 여러 테크노파크에서 벤치마킹을 왔었다. 포항테크노파크는 시설인 프라 구축에 전력하여 2009년까지 제4벤처동 준공까지 마쳤다.[23]

마이클 포터에 의하면 클러스터는 일정 지역에 기업과 대학, 연구소, 기업지원기관 등이 모여서 상호작용하여 새로운 지식과 기술을 창출하는 것을 일컫는다. 지금이야 일반적인 용어가 되었지만 클러스터는 1999년 이후 지역산업정책의 핵심개념이어서 클러스터 중심의 지역혁신체제 구축이 지역균형발전의 목표로 설정되어서 추진되었다. 포항은 롤모델이 되기에 충분했다. 포스코라는 대기업(시스템 통합자), 철강산업단지의 중소·중견기업들, 포스텍이라는 원천기술공급자까지 모두 갖추고 있었다. 논문과 여러 편의 우수사례 보고서가 작성되기까지 했다. 이론 연구자들이 보기에 포항은 환상적인 모델이었던 것이다.

테크노폴리스, 포항 테크노파크 제2단지의 실패

테크노폴리스 개발 구상은 2000년대가 되어서도 식지 않았다. 포항시는 2005년에 남구 연일읍 학전리와 달전리 일대 88만2,000평에 '포항 테크노파크 2단지'를 조성키로 포스코건설과 사업양해각서(MOU)를 체결했다. 2006년부터 2010년까지 첨단기술의 연구개발과 산업화를 위해 추진될 이 사업에 모두 3,050억 원이 투자된다고 발표하였다.[24] 포항시는 2008년 학전리 일원 부지를 개발사업지로 지정, 부동산 거래를 제한하였다. 이 사업은 국제금융위기로 인

해 프로젝트금융투자회사(PFV) 설립이 4년 가까이 지연되다 2011
년 4월 전체사업을 추진할 PFV인 (주)포항테크노밸리가 설립되면서
사업추진이 가시화된다. 포항시가 20% 지분을 갖고 포스코건설은
25% 지분으로 참여했다. 이명박 정권이 들어서고 이상득 의원이 실
세로 있을 때이다.

2011년 (주)포항테크노밸리는 7개 금융기관과 3,500원의 대출약
정을 체결했다. 이후 법인은 2012년까지 각종 사업비로 151억 원의
사업비를 지출했다.

이때 나는 테크노파크에 근무하면서 테크노파크2단지와 관련해
서 많은 전화를 받았다. 주로 개발주체와 위치가 어디냐, 개발시기
는 언제까지이냐 등이 주요 문의내용이었다. 테크노파크 초기 건립
의 50만 평 마스터플랜이 부동산 중개사들에게 퍼져나가 삽시간에
이 지역의 땅값이 들썩거렸다. 일부는 땅을 팔고 나오기도 했고 일
부는 땅을 사기도 했다. 땅값은 몇 배로 올라버렸다.

포항형 테크노폴리스로 계획된 포항테크노파크2단지 사업은 어
이없는 이유로 백지화된다. 산업단지 허가과정에서 상수원보호구역
과 이격거리가 문제가 된 것이다. 2013년 대구지방환경청은 환경영
향평가를 통해 "해당부지는 포항 제2상수원보호구역 상류 3.5㎞ 지
점에 있다. 현행법상 상수원보호구역 유효거리 10㎞ 이내에는 산업
단지를 조성할 수 없다"며 사업을 반려했다. 포항시 행정이 이 부분
을 놓친 것이다. 포항시가 행정소송을 제기하고 사업을 추진했던 포

스코건설을 포함한 5개 건설사가 포항시에 행정소송을 제기하는 진흙탕 법정공방이 벌어졌다. 이 사이 정권은 바뀌어 있었다.

포항시는 2019년 11월, 2008년부터 묶여져 있던 테크노파크2단지 용지의 용도를 해제했다. 재산권 행사에 어려움을 겪던 지주들의 의견을 들어 개발행위허가 제한지역 정리 및 해제안을 고시한 것이다.[25]

후일 퇴임한 포항시 국장은 "어이없는 행정실수가 발생했다. 해결되겠지 라는 안일한 생각으로 일을 추진했었다. 그리고 너무 많은 정치가 개입되어 있었다. 땅값도 너무 많이 올라 있었고…"라며 안타까워했다. "사실 무턱대고 추진한 면이 없지 않다. 포스코건설 같은 대기업이 왜 그렇게 적극적이지 않았을까. 토지는 미리 확보되어 있어야 했는데 땅값은 오를 데로 올라있었다. 4세대가속기연구소, 대형병원 유치, 포스텍 2캠퍼스 유치 등 앵커 기관이나 시설물 유치가 선행됐어야 했다" 이 사업에 관여했던 담당자의 회고는 담담했다. 포항은 어쩌면 포항제철소 건립, 포스텍 설립, 가속기연구소 준공 등 거대한 20세기 성공신화에 빠져 있었는지 모른다. 도대체 이 사업에서 사업성은 고사하고 추진 리더와 추진동력이 전혀 보이지 않았다.

포항테크노파크의 성장과 한계

그렇다면 과연 현재의 포항테크노파크는 성공했는가. 포항테크노파크는 2020년 설립 20주년을 맞았다. 8개 동의 건물은 면적이 2021년 현재 4만555㎡(12,267평)이고 업체 임대면적은 2만6,054㎡(7,881평)에 이른다. 총 70명의 직원이 근무하고 있으며 입주업체는 50개 이상으로 성공을 위해 노력하고 있다. 2021년 기준으로 자산은 750억 원이고 부채는 116억 원을 기록하고 있으며 예산은 800억 원에 이른다. 506억 원의 자산으로 시작한 것과 비교하면 괄목할 만한 양적인 성장을 이루었다. 설립 이후 3,000억 원 이상의 국비와 지방비가 테크노파크를 통해 집행되었다.[26]

포항테크노파크 전경

그러나 포항테크노파크는 포항시 행정사무감사에서 타겟이 되어 무지하게 공격받기도 했다. 입주업체의 먹튀 논란이 대표적이다. 포항테크노파크에서 많은 지원을 받은 업체가 타 지역으로 이전하고 있다는 지적이었다. 사실이기도 하고 그렇지 않기도 한 지적이다. 대표적으로 아산으로 공장을 짓고 이전한 알파플러스가 표적이 되었다. 이 회사는 1999년 포스콘 진공팀에서 시발하여 창업한 회사로 2005년 테크노파크에 입주하여 2013년 근거지를 현재의 아산으로 공장을 지어 이전하였다. 황 대표는 테크노파크에서 계속 도약의 기회를 찾았다. 회사가 가지고 있는 박막증착 기술이 디스플레이 업체에 적용 가능하다는 것을 알고는 삼성디스플레이가 있는 아산으로 과감하게 옮겨갔다. 다행히 회사는 성공하여 600억 원의 매출을 달성하기도 했고 황 대표는 회사의 지분을 팔았다. 소위 대박을 터트린 것이다. 9년이 지난 현재, 그 알파플러스가 포항지식산업센터에 지역업체를 인수하여 입주했다. 무엇 때문에 포항에 다시 왔냐고 물으니 황 대표는 "가속기연구소에 쓰이는 진공기술은 여전히 매력적이고 2차전지 쪽에 신사업을 꾸려볼 생각"이라고 말했다. 먹튀가 아니지 않은가.

나는 개인적으로 포항테크노파크 20년의 가장 큰 성과는 지멘스헬시니어스(주)의 유치라고 생각한다. 2008년에 입주한 지멘스는 현재 제2벤처동과 제3벤처동을 통째로 사용하고 있다. 아시아지역 초음파의료기기 총괄생산공장이다. 고용인원은 500명이 넘는다. 입주할 즈음에 지멘스 유치로 전국이 시끄러웠다. 수도권의 인천, 성남은 물론 지역의 경산, 구미 등도 유치에 총력을 기울였다. 마침 제3벤처동이 건립되어 비어있었고 무엇보다 경주지역 사업장의 조립

인력(대부분 기혼 여성)은 대체 불가능한 것으로 판정되어 가까운 포항으로 이전하여 온 것이다. 그게 지멘스의 핵심역량이었던 것이다.

이것을 두고도 말이 많다. 왜 벤처기업을 육성해야 하는 테크노파크가 외국계 대기업을 유치하는 일을 하느냐고…. 나는 생각이 좀 다르다. 테크노파크사업을 하면서 테크노파크의 역할도 바뀌었다. 공식적으로 지역혁신기관의 역할을 부여받았고 무엇보다 지역에서 일자리를 창출하는 미션이 중요해졌다. 지멘스가 창출하는 양질의 일자리가 지역사회를 살찌우고 있다고 자부한다. 그들도 지곡단지의 훌륭한 생활환경이 매력적이었을 것이다. 지멘스는 테크노파크에 와서 성장했고 지금 생산하는 초음파의료기기는 미래산업이라 계속 포항에서 비지니스를 유지할 것이다. 더불어 일자리도 지속적으로 늘어날 것이 확실하다.

내가 근무하는 곳이라 냉정할 수 없을지 모르지만 지금까지의 성적이 낙제점은 아니었다고 자부한다. 적어도 B- 학점은 된다고 생각한다. 그렇지만 여러 한계점과 문제점도 극복해야 한다.

먼저 포항테크노파크는 다른 광역테크노파크에 비해서 위상이 약하다. 기초지자체를 바탕으로 설립된 포항은 광역기관의 하위로 취급받아 특화센터, 대학 산학협력단과 지역사업을 두고 경쟁하는 처지에 이르렀다. '전국 유일의 기초지자체 테크노파크'가 약점이 되어버렸다.

둘째 포항지역에서 테크노파크의 역할과 정체성에 관한 것이다.

광역지자체에서는 지역산업기획을 하는 기관으로 테크노파크를 우선 활용하고 있는데 포항에서는 이런 기능을 수행하는 기관이 너무 많다. 포스텍, 포항산업과학연구원, 나노융합기술원, 한국로봇융합연구원 등이 치열하게 지역사업을 놓고 경쟁하는 상황이 반복되고 있다. 포항에서는 여러 지역사업을 다양한 기관에서 수행하면서 통합적이지 못하고 전략적 방향성을 잃어버렸다. 포항시에서 적극 나서서 거중조정해야 한다.

마지막으로 테크노파크 직원들의 전문성 함양이다. 포항시나 경상북도에서 사업을 기획할 때 포항테크노파크가 먼저 떠오르도록 직원들은 부단히 노력해야 한다. 남 탓하기 전에 우리를 먼저 돌아보는 자세가 필요하다.

텍사스 오스틴은 현재 실리콘밸리나 뉴욕 등을 제치고 2년 연속 '최고의 기술도시(tech town)'로 꼽히고 있다. 비영리기관인 미(美) 컴퓨팅기술산업협회가 2020년 발표한 결과이다. 협회는 "오스틴에는 5,500개 이상의 정보기술(IT)기업과 스타트업이 밀집해 있다"며 "향후 5년간 질 좋은 정보기술(IT)일자리가 16% 늘어날 것"이라고 예상했다. 요즘 이곳은 '실리콘 힐스'로 불리운다. 오라클도 본사를 옮기고 애플도 별도 캠퍼스를 짓는다. 테슬라도 전기차 생산공장을 건설 중이다. 삼성전자는 오스틴에서 50㎞ 떨어진 테일러시에 파운드리 반도체 공장을 짓기로 했다. 오스틴이 진정한 테크노폴리스가 된 것이다.

형은 삼성전자를 4년 전 그만두었다. 그러나 여전히 텍사스 오스틴에 집을 소유하고 있다. 나도 형을 보러 다시 오스틴을 방문할 기회가 있을 것이다.

그때는 포항이 테크노파크를 넘어 테크노폴리스로 가기위한 벤치마킹을 위해 오스틴을 방문하는 기회였으면 좋겠다.

6

확장되는 사회간접자본,
조금씩 어긋나는 타이밍

　내가 대구에서 중·고등학교를 다니던 1980년대 초반, 포항에서 대구를 가는 가장 빠른 방법은 고속도로를 이용하는 무정차 시외버스였다. 대구동부터미널까지 1시간 20분이 소요되었다. 경주에서 한번 정차하면 1시간 30분이 걸렸고 28번 국도를 이용해 안강, 영천을 지나는 국도버스를 타면 1시간 50분이 걸렸다. 안강과 영천을 잇는 시티재는 옛 도로 그대로여서 구불구불 한참을 올라갔다. 개인자동차가 대중화되지 않고 대중교통을 이용하던 시절이라 버스이용객은 항상 많았다. 고속도로를 지나가는 시외버스에도 중간에 보조좌석을 놓았다. 가격은 시간이 오래 걸릴수록 조금 더 들었다. 때로는 기차를 타고 오가는 경우도 있었는데 토요일 오후에 대구역에서 타면 3시간이 걸렸다. 어머니는 버스가 위험해서 그랬는지 한동안 3시간씩 걸리는 기차를 타도록 했다. 수십 개의 역을 정차하는 기차는 가다 서다를 반복했다. 토요일 집에 도착하면 해는 저물어 있었다.

고속도로가 바꾼 변화

이런 풍경은 많이 바뀌었다. 2004년 12월 포항-대구간 고속도로가 완공되었다. 포항이 타 지역과 직접 연결되는 첫 번째 고속도로가 뚫린 것이다. 69㎞거리는 50분이면 주파가 되었다. 대구와 포항이 하나의 생활권이 된 것이다. 우리 직원 중에도 대구에서 출퇴근하는 직원들이 있다. 처음 고속도로가 열렸을 때 차들이 많지 않아 시속 160㎞로 질주하던 기억이 있다. 포항-대구간 고속도로가 개통한 지 1년이 지나서 분석한 자료에 따르면 1년 동안 617만 대, 일일 평균 1만8,846대가 통행한 것으로 조사되었다. 승용차가 1만2,371대로 65.6%를 차지하고 있었다. 2021년 통행량 조사에 따르면 일일 평균 3만7,282대가 통행했으며 이 중 81.6%인 3만436대가 승용차였다. 개통 후 차량 운영은 2배가 증가하였으며 화물수송보다는 동해안 바닷가를 찾는 관광객 수요가 많았다. 다른 고속도로에 비하면 압도적인 수준이다. 대구-부산간 고속도로의 통행량이 같은 기간 4만7,496대인 것과 비교해도 이 고속도로는 경제성이 탁월한 고속도로인 것이 증명되었다.[27]

고속도로의 개통으로 가장 많이 혜택을 본 곳은 포항 죽도시장이다. 활어회 상가는 물론 건어물상가까지, 거대한 시장에 활기가 돌기 시작했다. 주말이 되면 발 디딜 틈이 없다. 개통 전에는 대구사람들이 경부고속도로를 통해서 경주로 들어오면 감포 횟집이 장사가 잘됐었다. 상황이 바뀐 것이다.

대구-포항 고속도로 개통식

밑 빠진 독, 영일만항

환동해권 중심항을 목표로 지난 1992년 착공한 포항 영일만항이 17년의 대역사 끝에 2009년 8월 개항하였다. 포항시 북구 흥해읍 죽천·용한리 일대에 건설되었다. 대구·경북지역 최초의 컨테이너항인 영일만항은 컨테이너 부두 4선석 규모로 3만 톤 급 선박 4척이 동시에 접안할 수 있다. 연간 처리 물동량은 48만TEU로 컨테이너 48만 개를 처리할 수 있다. 포항시는 영일만항 개항에 맞추어 60만 ㎡의 신항 배후단지를 조선과 부품소재, 신재생에너지 메카로 발전시킨다는 계획이다.[28]

이 사업은 숱한 우여곡절을 겪었다. IMF를 맞아 민자 사업자 선정에 애를 먹었고 2002년에는 감사원 감사에서 사업비가 50%로 축소되면서 당초 계획했던 22선석이 11선석으로 줄었다. (주)포항영일만항은 중국, 일본, 러시아를 잇는 특화항로를 개설하여 화주를 유치한다는 계획이었다. 그러나 시작부터 우려의 목소리가 터져 나왔다. 최대 경쟁항인 부산과 울산항에 비해 경쟁력이 떨어진다는 것이다. 이미 부산항 등을 이용하던 선사와 화주들이 당장 눈앞의 인센티브에 현혹돼 영일만항을 선택하기는 쉽지 않다는 지적이 제기되었다. 더욱이 신항 활성화의 관건인 인입철도 건설이 예비타당성조사에서 기준치 이하로 평가돼 건설이 불투명하다는 분석이 나왔다.[29]

영일만항은 여전히 고전을 면치 못하고 있다. 2014년에는 자본금이 소진되어 자본잠식의 위험에 빠졌다. 물동량은 기대에 크게 밑돌면서 컨테이너 처리량은 14.3만TEU로 예상치 30만TEU의 44.4%에 그쳤다. 2020년 이후 코로나19가 발생하면서 물동량은 10만TEU를 밑돌고 있다. 신항 인입철도는 우여곡절 끝에 2019년 연결되었다. 2020년에는 국제여객부두가 완성돼 울릉도 가는 여객선도 취항하였다. 국제여객터미널과 해경부두는 건설 중이다. 그러나 현재로서는 계속 적자를 면치 못하고 있다. 최근에는 더욱 우울한 소식이 들린다. 영일만항 물동량을 견인할 것으로 기대를 모았던 항만 인입철도의 운영이 중단되었다는 소식이다.[30] 우여곡절 끝에 2019년 개통하여 2020년 7월부터 상업운행을 시작한 열차는 2021년 5월부터 운행을 중단하고 있다. 우드팰릿(목재조각)을 영일만항을 통해 외부로 운송하고 있었는데 팰릿이 해상운송으로 변경되면서 물동량이 없어져 버렸다. 러시아와 우크라이나 전쟁의 영향으로 러시아 수출물량도 대거 줄어들어 포항 영일만항의 2022년 6월까지 물동량은 지난해 같은 기간보다 36.1%가 줄어들었다. 거대 SOC사업이 밑 빠진 독의 물 붓기 형국으로 변해가고 있다. 출구가 보이지 않는 형편으로 보인다.[31]

KTX의 위력

포항에서 가장 성공한 SOC사업으로 KTX 개통을 꼽을 수 있다. 2015년 5월 포항-서울간 KTX가 개통되어 5시간 걸리던 시간이 2시간 15분으로 단축되었다. KTX는 개통한 지 1년 만에 수요 예상치인 3,000명을 초과하여 평일 4,000~5,000명이 이용하고 주말에는 7,000~8,000명이 이용하고 있다. 2021년에 이르면 주말 이용률이 118%에 달하고 연간 입석 승객도 17만 명에 달할 정도로 이용객이 폭증하여 2019년 증편에 이어 다시 증편하게 되었다.[32] 이제는 SRT를 도입해달라고 아우성이다.

KTX포항역

포항시민에게는 KTX 이용의 아픈 추억이 있다. 2004년 처음 개통되었을 때 포항에서 동대구역까지 가는 셔틀버스가 있었다. 불편하지만 많은 시민들이 이용했다. 2010년 신경주역이 개통했을 때도 40분씩 차를 달려 주차장에 차를 대고 그 열차를 이용했었다. 새벽 경주역에 도착하면 서울로 출장가는 지역업체 대표들을 많이 만날 수 있었다. 이명박 정권이 들어섰다. 지역민들의 열화같은 요청에 지역 국회의원이 꾀를 내었다. 동해남부선으로 건설되어야 할 철로를 경부선에 붙여버린 것이다. 서울 가는 KTX 노선이 연결되었다.

테크노파크에서 KTX가 개통하기 전, 경제효과에 대한 보고서를 작성한 경험이 있어 개통할 즈음 테크노파크에 중앙언론에서 인터뷰 요청이 많았다. 나는 교통방송 라디오프로그램에 출연해서 KTX 개통의 효과를 설명하고 복합환승센터가 들어서면 효과가 배가될 것이라고 힘주어(?) 말했다. 아직도 기억나는 한 대목… TV조선 기자가 인터뷰를 끝내고 혼자 중얼거렸다. "여기에서 40분 거리에 동대구역이 있고 30분 거리에 신경주역이 있는데 또 역사가 들어섰네. 자원낭비 아닌가" 맞는 말씀이다. 경주와 포항이 머리를 맞대어 중간지점인 안강 쯤에 역사가 들어섰다면 100만 명 인구가 이용하는 환상적인 역이 되었을 것이다. 운행 편도 훨씬 많아지고 주변은 상권이 형성되고 신도시가 건설되었을 것이다. 지역 정치 지도자나 행정가들은 이런 결정들을 하지 못했다. 뻔히 보이는 미래의 패착에 대해서도 그냥 나 몰라라 하는 경우가 많다. 지금도 그런 일들이 벌어지고 있다.

미완의 포항울산고속도로

마지막, 포항-울산간 고속도로가 2016년 개통하였다. 터널이 많기로 유명한 고속도로이다. 이 고속도로는 부산 해운대에서 속초시를 종점으로 남북으로 동해안 해안을 따라 건설되는 동해고속도로의 일부분이다. 포항~영덕 구간이 2023년에 개통할 예정이며 나머지 영덕~삼척 구간도 계획되어 있다. 가장 어려운 코스는 영일만대교 구간이 될 것이다. 아무튼 이 고속도로의 통행량은 2021년 현재 일 2만6,000대 수준으로 운영되고 있다. 그러나 부산과 울산 고속도로는 4만5,000대 이상이 통행하는 것을 감안하면 상대적으로 적다. 부산에서 올라오다 보면 울산을 지나면서 갑자기 차량숫자가 줄어든다. 이래도 되나 싶은 생각이 들 때가 있다. 밤늦은 시각 고속도로를 달리다 오싹한 기분이 든 적도 있다.

포항철강공단 철강업체 박 대표는 "포항-울산간 고속도로는 너무 늦게 개통되었다"고 말했다. "조선 불경기가 한창 진행 중이던 때에 개통해서 효과가 없고 포항-울산간의 산업적인 연관도를 생각하면 적어도 10년 전에 개통했어야 했다"며 안타까움을 토로했다. 이 도로는 앞으로 더 큰 난관을 앞두고 있다. 영일만대교를 통해 동해안 고속도로를 연결하는 계획을 가지고 있기 때문이다. 영일만대교는 윤석열 정부 공약사업으로 확정되었다. 경상북도와 포항시에서는 이 사업을 이번 정권에서 가시화시키기 위해 모든 역량을 동원한다는 계획이다. 이왕 시작하기로 했다면 10년 후, 20년 후 포항 발전, 동해안권 성장을 염두에 두고 진행되었으면 하는 바람이다.

국가 SOC사업은 조 단위 이상의 국가예산이 드는 사업이다. 우리나라는 경부고속도로 성공 이후 지역에서 선거때면 아직도 도로와 철도를 연결해달라고 아우성이다. 토목 경제의 관성이 멈추지 않고 있기 때문이다. 중앙정부는 여전히 부산가덕도공항과 대구-경북 신공항을 동시에 진행시켜야 할지 모른다. 요즈음 지역을 다니다 보면 정말 한적하기 이를 데 없는 도로를 만나게 된다. 그게 고속도로인 경우도 있다. 지역마다 체육관, 복지시설, 운동장은 넘쳐난다. 3만5,000달러 국민소득 국가의 '위용'이다. 그런데 이게 세월이 지나 보면 효과가 있는지 없는지 판가름이 난다. 그때는 아무도 책임지는 사람이 없다. 아까운 세금만 낭비하는 것이다. 운영비는 또 어찌 감당하려나. 여전히 진행될, 수조 원짜리 SOC사업을 보면서 좀 더 신중한 계획과 검토가 필요해 보인다. 미래를 생각하는 여러 사람들의 의견들이 모아졌으면 하는 바람이다. 꼭 우리 지역뿐만이 아니라…. 그게 선진국이다.

7

경주, 대구, 울산···
이웃도시와의 상생은 가능한가?

대구에 있는 고등학교에 진학했을 때, 내가 다니던 학교가 공립학교여서 그랬는지 경북지역의 여러 시·군에서 연합고사를 치르고 온 친구들이 3분의 1은 되었다. 군위, 문경, 울진, 상주 등에서 온 친구들은 그 지역 중학교에서는 공부 잘하기로 소문이 나서 청운의 푸른 꿈을 안고 대구로 유학온 친구들이었다. 때로는 할머니가 따라와서 밥을 해주기도 했고, 일부는 학교 인근 하숙집에서 또는 자췻집에서 생활했다.

그 시절, 대구는 대구·경북의 거점도시여서 행정, 교육의 중심지 역할을 했다. 서울을 바로 간다는 것은 생각을 못해서 우선 대구에서 내공을 점검한 후에 역량에 따라 대학 때는 서울로 올라가든지 했다. 포항도 대구에 인접한 도시여서 크게는 대구의 경제적, 행정적 영역 안에 있었다. 여름에 포항 송도해수욕장을 주로 찾는 사람들도 대구사람들이 많았고 죽도시장의 어물과 건어물들은 대구 서문시장을 거쳐서 전국으로 유통되었다.

　그런데 지금은 상황이 많이 달라졌다. 우선 포항의 산업영역이 대구의 전통 경제권과는 거리가 있다. 포스코가 들어서면서 포항은 철강산업의 주요 도시로서 기능을 한다. 대구는 섬유산업에서 자동차부품, 기계산업 등으로 발전해갔다. 포항은 경제적으로는 울산, 부산, 창원에 이르는 남동해 중공업 벨트와 더 밀접하게 연결되어 있다. 여러 서비스 기능을 대구로부터 지원받지만 도로사정이 좋아지면서 부산에서도 이런 기능을 지원받고 있다. 아니면 수도권, 서울로부터 직접 지원받고 있기도 하다. 2000년대 이후 수도권 집중화가 심화되면서 포항의 고등학교 졸업생들은 진학시 '인서울'부터 먼저 따진다. 우리가 학교 다닐 때는 진학 대학으로 대구의 학교들부터 먼저 챙겨보고 그랬는데 이제는 그런 구분은 없다. 수의학과가 가고 싶다면 제주도도 불사한다. 생활의 바운더리가 확장된 것이다.

　그렇다고 공간적인 거리의 밀접도와 관계성을 무시할 수는 없다. 대구는 여전히 가장 가까운 곳에 있는, 인구 250만 명이 살고있는 대도시이고 경주는 30분이면 갈 수 있는 도시인 것이다. 사실 대구와 경주는 통근권 영역에 있다. 거리상 포항-울산간 고속도로가 개통되면서 울산과도 통근이 가능한 거리가 되었다.

합쳐야 커지는 포항과 경주

포항시는 2007년 시비 6억 원을 들여 경주시 강동면에 높이 36m 짜리 탑 형태의 광고판을 설치했다. 이 지역은 포항 진입로에 있어 포항시가 대형 광고판을 건립한 것이다. 그런데 이게 난리가 났다. 경주시가 반발한 때문이다. 경주 땅에서 포항시를 홍보하는 것에 대해서 경주가 화가 많이 났다. 곡절 끝에 한쪽 면은 포항시가 다른 면은 경주시가 쓰는 것으로 일단락되었다.[33] 이 홍보탑은 법 개정으로 불법광고물이 되어서 버티다 2020년 8억 원을 들여서 철거되었다. 막상 입으로는 협력을 되뇌지만 지역의 현실은 이러하다.

포항과 경주의 자존심 싸움은 연원이 깊다. 경주는 역사적으로 이 지역의 정치, 행정, 교육의 중심지였다. 조선시대에도 경주부(慶州府) 로, 행정직급 상 4군데에 현감이 있던 포항지역과는 급이 다른 곳이었다. 바닷가를 천시하던 풍조까지 더해져 그저 포항은 '갯가 촌놈' 으로 취급받았다. 그런데 일제가 들어와서 어항을 개발하고 결정적으로 포스코가 들어오면서 도시 위상이 역전되었다. 2021년 포항의 인구는 51만 명이고 경주는 26만 명 정도이다. 합치고 상생하면 발전할 텐데 사람들의 관념 속 위계와 정체성은 그걸 따라가지 못한다. 경주사람들은 아직도 '종철(포항종합제철의 줄임말)만 아니었으면 포항이 감히 어디를'이라는 생각을 가지고 있다. 그래서 경주가 각고의 노력 끝에 한국수력원자력을 유치했을 때 경주사람들은 "수력원자력이 종철만큼 크제"라고 비교하면서 기대감을 표하기도 했다.

포항·경주는 같이 움직여야 힘을 발휘한다. 겨울철 강원도 스키장 가는 셔틀버스가 운영될 때도 포항·경주는 한꺼번에 손님을 모아야 운영될 수 있다. 수도권에서 이 방면으로 운영되는 시외버스들도 포항·경주 여객을 같이 모아야 차의 승객을 채울 수 있다. 경주 골프장과 보문에 있는 호텔의 주요 고객들 중 포항 이용자가 많다. 포항 죽도시장과 바닷가를 이용하는 사람들 중에서 경주시민들 역시 많은 부분을 차지한다. 답은 간단하지만 행정이나 정치하는 사람들이 그걸 따라가지 못하는 형국이다.

최근 좋은 소식도 들린다. 경주에서 발원해 포항으로 빠져나가는 형산강을 공동으로 개발하는 계획이 본격적으로 진행되고 있다. '형산강 프로젝트'로 명명되어 2016년부터 두 도시는 형산강을 친수공간으로 만들기 위해 공동으로 예산을 투입하고 있다. 2022년부터는 포항공항이 '포항경주공항'으로 이름이 바뀌었다. 관광도시 경주를 부각시켜 인지도와 공항 이용률을 높인다는 계획인 것이다. 조금씩 긍정적인 변화의 조짐이 보이고 있다. 이번 참에 두 도시를 행정통합하는 것도 좋은 방법일 것 같은데, 아직은 일개 서생의 바람이라고 해두자.

대구의 앞바다, 포항

1960년대까지만 해도 대구는 분명히 포항의 모(母) 도시였다. 1970년대 이후 포항이 기업도시로 급성장하고 대구가 행정적으로 경상북도로부터 분리되면서 두 도시간의 문화적 유대감이 많이 희석되었다. 포항사람들도 이제 대구를 거치지 않고 비즈니스, 의료, 교육 등을 서울에 가서 바로 해결하는 경향이 많다. 희망은 바다에 있다. 내륙도시인 대구는 바다가 필요하고 항만도시인 포항은 배후도시가 필요하다. 2004년 완공된 포항-대구간 고속도로는 그 기폭제가 되고 있다. 당초 산업적 수요 때문에 건설되었지만 지금은 관광수요가 더 크다.

미국 오스틴의 형 집에 머무를 때 알게 된 선배가 휴스턴에 생선을 사는 데 동행하자는 제안을 했다. 나는 멋도 모르고 따라나섰다. 고속도로를 타고 3시간을 달렸다. 휴스턴 어시장에서 생선을 사고 또 3시간을 달려 돌아왔던 기억이 있다. 하루종일이 걸렸다. 그러나 포항과 대구는 차로 달려 한 시간 거리밖에 되지 않는다. 생선을 사는 것은 물론 바닷가에서 회도 먹고 커피를 마시고 야경을 보아도 하루면 족하다. 실제 대구권 사람들의 일상이다. 포항은 인구 250만 대구의 앞바다 역할을 하고 있다. 인근 경북지역까지 합치면 500만 명의 인구가 포항바다의 배후지역이다. 포항 바닷가의 펜션은 우선 대구사람들로 넘쳐나고 동해 바닷가 포구에는 간이요트와 제트스키가 진을 치고 있다. 이미 깊숙이 섞여 살고있는 것이다. 포항에서 KTX를 타면 40분 만에 동대구역에 도착한다. 내가 아는 선배는 주말에 와이프와 동대구역 백화점을 둘러보고 식사하는 것이 주요한 소일거리라고 한다. 비록 비용이 많이 든다고 푸념하지만 그게 일상이 된 것이다. 광역단위 생활이 일상화되는 때에 수백 년 전에 그어 놓은 행정적인 경계선은 의미가 없어지고 있다.

때로는 협력하고 때로는 경쟁하고…, 울산

울산과는 산업적인 면에서 관련성이 크다. 포항에서 생산된 철강 후판이 경주를 거쳐 울산의 조선산업의 재료가 되어왔다. 그리고 영천, 경주, 울산지역의 자동차 부품업체도 일정부분 철강 소재는 포항에서 공급받고 있다. 대표적으로 이 지역 자동차부품 가공공장에서 부품을 만들고 남은 철스크랩의 80%는 포항의 전기로 공장에서 재가공된다. 울산은 산업적인 면에서 포항보다 훨씬 큰 도시이다. 112만 명의 인구를 가진 광역시이고 자동차, 석유화학, 조선 등 세계적 경쟁력을 가진 주력산업이 3개나 되어서 우리나라의 산업수도를 자처한다. 울산과학기술원(UNIST)이 개교하여 소망하던 R&D능력도 갖추었다.

그러나 한 도시가 여러 분야에 모든 것을 갖추고 있을 수는 없다. 포스코교육재단은 포항 지곡단지에 포항제철고등학교라는 자립형 사립고를 운영하고 있다. 포스코, 포항시내 학생 외에 40%를 전국단위 입학생을 모집하는데 지원자가 가장 많은 곳이 울산지역 학생이다. 각 도시가 특화된 부분이 있는 것이다.

두 도시는 2000년대 초반 현대중공업 블록공장 유치를 놓고 경쟁한 경험도 있지만 2016년 고속도로가 개통하면서 거리는 매우 가까워졌다. 2021년 12월 동해남부선이 개통하면서 포항과 울산은 철도로도 연결이 가능하다. 그러나 아직 운행횟수가 많지는 않다. 하루에 2회 왕복하고 소요시간은 1시간 17분이다. 태화강역에서는 도시전철이 15분 간격으로 부산 부전역까지 운행한다. 울산이 부산의 광역철도망에 연결된 것이다. 철도당국은 KTX-이음철도가 개통하는 2023년이 되면 포항에서 부전역까지 76분이면 된다고 홍보하고 있다.

울산은 조선산업 구조조정을 거치면서 2015년 120만 명에 이르던 인구가 2021년 112만 명으로 줄어들었다. 1인당 GRDP가 국내 최고 수준이지만 소득의 역외유출이 많다. 그나마 2017년 75조 원에 이르던 것이 2020년 68조 원으로 10% 이상 감소하였다. 여기도 포항처럼 '러스트 벨트'화가 진행되고 있는 것이다. 동병상련, 경쟁도 해야겠지만 비슷한 처지의 두 도시는 분명 같이 나눌 수 있는 부분도 많다.

광역 경제권의 희망

포항시, 경주시, 울산광역시는 2016년 해오름동맹을 체결하였다. 포항-울산간 고속도로 개통을 계기로 3개 도시, 인구 200만 명, 경제규모 95조의 메가시티(Megacity)로의 도약을 기대하면서 동맹을 맺었다. 신라문화를 공유한 동해남부 거점도시가 서로 협력하자는 취지이다. 정부 시책사업 유치, 광역 경제권 산업 생태계 조성, 교통

인프라 연계 구축, 동해남부권 관광벨트 조성, 분야별 교류를 목적으로 상생협의회 규약도 만들었다. 서로 막무가내의 경쟁은 하지 않고 필요할 때 협력하자는 취지가 읽힌다.

대구·경북은 신공항 건설을 계기로 협력을 구체화시켜 나갈 것이다. 부산, 울산, 경남은 부울경 메가시티 구상을 통해 일일생활권이 가속화되고 단일 경제권 구축도 탄력을 받을 것이다. 생활권, 경제권역에 따른 광역도시화는 이미 진행되었어야 할 화두이다. 수도권은 2,700만 명이 같은 생활권, 경제권으로 강력하게 응집되어 가는데 지역은 파편화되어 있다. 지역도 늦었지만 지금이라도 빠르게 광역 단일 경제권화 되어가는 것이 살길이다. 그렇다면 포항의 선택은? 대구, 경북에서도 동쪽에 치우쳐 있고 부울경에는 행정구역이 다르니 아무래도 원심력이 떨어진다. 어쩔 수 없다. 그럼에도 불구하고 부지런히 인접 도시와의 상생, 연합체 구상에 적극적으로 응해야 할 것이다. 그리고 먼저 손을 내밀어야 한다.

포항에서 부산까지 고속도로를 타고 내려간다고 생각해보자. 같은 방송을 듣기 위해서 몇 번인가 주파수를 변경해야 한다. 포항, 대구, 울산, 진주, 창원, 부산 방송국 등 영남의 지역방송사 주파수들이 모두 걸린다. 이에 비해 수도권은 단일 주파수로 통일되어 있다. 지역만 여전히 20세기 방식으로 운영되고 있는 것이다. 여전히 그 옛날 나누어 놓은 방식을 고집하고 있다. 몸이 관념을 따라가지 못하고 있다. 세상은 광속도로 변화해가고 있는데 나는 여전히 라디오주파수를 돌리고 있다. 그러자 우리 딸은 옆에서 "아빠, 그냥 인터넷 앱으로 듣자"고 심드렁하게 말한다.

8

동해안 최대 수산시장,
죽도시장의 부침과 저력

결혼하고 가족들과 동해안 7번 국도를 타고 속초나 강릉을 여행하는 경우가 많다. 여름에는 거의 1년에 한 번씩은 갔다. 2022년 4월 모임의 친한 선후배와 설악산에 가기 위해 속초를 방문했다. 3년 만에 찾은 속초였는데 코로나19 와중에도 불구하고 속초는 많이 변해 있었다. 항구 주변에는 대형크루즈가 정박해 있고 30~40층의 고층 아파트는 거의 하와이 와이키키 비치를 방불케 했다. 아바이순대 골목의 점포주인 아주머니에게 물으니 펜트하우스 35평 아파트 가격이 15억 원이라고 한다. 우리 일행은 순대를 먹다가 일순간 숨이 막혔다. 포항 아파트 가격은 여기에 비하면 4분의 1밖에 되지 않는다. 서울 사람들이 가격을 올려놓았다고 한다.

동해바다의 위력

서울양양고속도로가 2017년 개통하면서 서울에서 속초까지는

1시간 40분이면 닿는다. 평창동계올림픽을 앞두고 개통한 서울-강릉 KTX는 1시간 12분이 소요된다. 영동지역이 수도권과 일일생활권이 된 것이다. 이런 교통 인프라가 갖추어지면서 강원도는 수도권과 연담화 되었고 수도권의 거대한 주말 휴양도시로 변모하였다. 그런 여파가 아파트 가격에 반영되었을 것이다. 사실 속초는 환상적인 도시이다. 서쪽으로 돌아서면 울산바위가 웅장한 자태를 뽐내고 동쪽으로는 탁 트인 동해바다가 눈앞을 채운다. 천혜의 휴양도시인 것이다.

주문진항 수산물풍물시장을 들렀다. 주문진항 인근에 개설된 회상가 중심의 시장이다. 2021년 개설되어 150개 규모의 상가가 입점해 있는데 청결하고 시스템이 잘 갖추어져 있었다. 낯선 고기가 있어 물으니 다금바리라고 했다. 여기에 다금바리가 잡힐까 생각하다가 고객들이 찾으니 구해 놓았을 것으로 추측하였다. 속초중앙시장도 속초를 찾는 관광객에게는 꽤나 유명한 수산시장이다. 몇 년 전여기를 방문했을 때 러시아산 대게와 킹크랩이 지천으로 널려있었다. 대게와 홍게는 동해안 울진, 영덕, 구룡포가 주산지여서 겨울에 죽도시장에 가면 대게, 홍게가 넘쳐난다. 최근에 죽도시장에 가니 러시아산 대게와 킹크랩이 수족관을 가득 채우고 있었다. 죽도시장에도 이걸 찾는 사람이 많아진 모양이다. 수산시장은 배후도시의 인구와 규모에 의해 좌우된다. 수도권 2,700만을 대상으로 하는 속초와 주문진이니 파는 어종도 더 다양하고 가격대도 폭넓다. 죽도시장은 아무래도 대구·경북 500만 명을 주요 배후시장으로 하다 보니 어종의 구색과 가격대가 제한적이다. 필요하면 다른 시장이 어떻게 움직이고 있는지 보고 배울 필요도 있다. 그럼에도 불구하고 죽도시장은 동해안에서 부산 자갈치시장을 제외하고는 가장 큰 규모를 형성하면서 여전히 흥청거리고 있다.

활기찬 죽도시장

1990년대 중반 이후 소매시장의 위축으로 힘을 못 쓰던 죽도시장은 2004년 포항-대구간 고속도로가 개통되면서 되살아났다. 극적인 반전이 시작된 것이다. 주말이면 대구시민들을 비롯하여 구미, 영천은 물론 경북 북부지역과 충청지역 주민들까지 죽도시장으로 몰려들고 있다.[34] 회 시장이 살아나면서 건어물시장, 주변 농산물시장까지도 손님이 늘었다. 특산물로 포항의 명물 과메기와 물회를 비롯해 대게, 돌문어, 개복치, 건어물이 저렴한 가격에 판매되고 있다. 시장은 싱싱하고 독특한 먹거리는 물론 농산물거리, 먹자골목, 떡집, 이불, 한복, 가구 등 생활에 필요한 모든 생필품을 갖추고 있으며 품목별로 구역이 나누어져 있다. 50~60년 전통의 소머리곰탕집은 줄을 서야 한다. '평남식당'은 백종원의 3대천왕에 소개되었고 '장기식당'은 수요미식회에서 극찬을 받았다. 이외에도 죽도곰탕, 본가할매곰탕, 대구소머리곰탕, 원조소머리식당이 한 골목에 있다.[35]

포항시는 오랜 숙원인 죽도시장 주차장 문제 해결에 전력을 기울였다. 칠성천복개천주차장이 2004년 완공되었으며 죽도어시장 공영주차장도 2011년 개장하였다. 민간 유료주차장도 20여 곳이나 된다. 포항시는 2001년부터 죽도시장 시설현대화와 경영현대화에 600억 원 이상을 투입하였다. 그 투자가 성과를 보고 있는 것이다.

죽도시장과 과메기

포항의 특산물 과메기가 전국의 음식이 된 유래는 다음과 같다. 과메기는 한 겨울철에 꾸덕꾸덕하게 해풍에 얼렸다 녹았다 반복하면서 약간 삭혀지면서 맛이 난다. 1960년대까지는 청어로 만들었으나 청어 어획량이 줄어들면서 꽁치로 만들고 있다. 아버지는 한 겨울철 죽도시장에서 과메기 한 두릅을 사가지고 와서 맛있게 벗겨 드셨다. 그때 먹던 과메기는 반만 말려 있고 비린내가 많이 나서 어린 내가 먹기에는 맞지 않는 음식이었다. 그런 과메기가 1990년대에 포항1대학교 오승희 교수에 의해서 영양학적으로 체계화되기 시작했다. 역사적 유래도 정리되었다. 그때까지만 해도 과메기는 겨울 한철 먹던 술안주거리였다.

2000년대 접어들면서 혁신이 일어났다. 비린 맛을 없애기 위해 꽁치의 배를 갈라 바짝 말렸고 같이 먹는 야채와 미역 등이 한 패키지로 포장되었다. 과메기의 유통경로는 구룡포 덕장에서 말려져 1차로 죽도시장에 집결하고 대구 서문시장을 거쳐 전국으로 유통되는 구조였다. 패키지화는 서문시장 상인의 조언을 얻어 죽도시장에서 시작되었다는 것이 정설이다. 포항에는 해병대가 있다. 전국에서 입대했다가 제대를 한다. 그때쯤이면 포스코에서 퇴직한 이들도 전국으로 퍼져 있을 때이다. 이들이 술안주로 겨울철에 먹던 과메기를 수소문했고 이게 과메기 전국 상품화에 도움이 되었을 것으로 추측해 본다.

이런 사정을 엮어 테크노파크에서 2007년 봄, 지역연고산업 프로젝트에 신청했다. 산업부에서 하던 프로젝트였는데 3년간 50억 원 사업비가 지급되는 프로젝트였다. 경상북도 예선은 압도적 1등으로 통과하고 원장님을 모시고 서울에서 최종 발표평가를 치루었다. 평가를 끝냈는데 분위기가 좋지 않았다. 결국 떨어졌다. 나중에 들으니 산업부 사무관이 "과메기가 무슨 지역연고산업이 되냐"는 한 마디에 탈락했다는 후문이었다.

그 이후 사정이 달라졌다. 우리가 공들여 만든 보고서는 시청 담당 공무원의 책장에 소중하게 꽂혔고 그 이후 다양하게 진행되는 지역산업 진흥사업 등에 신청하여 선정되었다. 포항시는 수백억 원의 예산을 받아 다양한 사업을 할 수 있었다. 그 담당자는 이후 수산과장이 되었다. 우리가 사업을 시작할 때 시장규모가 600억 원 규모였는데 과메기가 전국 상품이 되면서 지금은 3,000억 원 이상의 시장 규모를 갖춘 상품으로 성장하였다. 전국 횟집과 일식당의 필수 음식으로 자리 잡은 것이다. 그 사이 이명박 정권으로 바뀌었다. 구룡포는 일약 '과메기 메카'로 부각되었다. 2010년 '포항구룡포과메기'는 지리적 표시단체표장 등록을 특허청에 완료하였다. 구룡포 초입에는 '과메기 산업특구'라는 커다란 입간판이 세워져 있다.

찬 바람이 불기 시작하는 11월이 되면 구룡포를 비롯한 동해안 포구 과메기 덕장에는 손질된 꽁치들이 일제히 내걸린다. 죽도시장은 물론 포항의 주요 시장은 과메기 포장으로 바쁘다. 전국 일일 택배가 가능해지면서 꽤 짭짤한 매출과 일자리가 창출된다. 상인의 비밀 고객 장부는 그야말로 '돈주머니'가 된다. 요즘은 과메기가 대구·경북을 비하하는 표현으로 쓰이기도 한다. 그러나 나는 아직도 과메기 산업화에 일익을 담당한 것을 자랑스럽게 생각한다.

현대화되는 죽도시장

죽도시장은 그 이후에도 부침이 계속된다. 지역 경기의 바로미터로써 때로는 손님들로 북적이고 때로는 한산하기 그지없는 지경에 이르기도 한다. 활성화를 위한 다양한 시도도 계속되었다. 2013 년 8월에는 추석을 앞두고 개풍약국 앞 노점상 좌판이 '행정대집행'을 통해서 철거되었다. 1971년 시장 개설 이래 있었던 좌판이 역사 속으로 사라진 것이다. 무질서한 노점상 때문에 화재발생 시 진입에 어려움이 있다, 또는 통행에 불편하다는 등 다양한 민원이 제기되어 왔었다. 그러나 노점상 서민들의 생계 문제에 걸리면 철거 논의는 쑥 들어갔었다. 이번에는 노점상, 포항시, 시장상인들 간의 지루한 협상과 타협으로 다양한 노점상에 대한 대안을 마련한 후에 대집행이 이루어졌다.[36]

죽도시장은 3개로 분리된 운영주체 때문에 시장 전체의 통일된 분위기나 통합행사 개최에 많은 어려움이 있었다. 어시장 상인회들은 회원 수 확보를 놓고 주도권 경쟁을 벌이기도 했다. 나뉘어진 상인회도 일단 통합하였다. 2012년 죽도시장상인연합회가 발족해서 활동하고 있다. 정부나 지자체에서 1개 단체로 창구 단일화를 요구했다. 죽도시장 상인들도 여럿으로 나뉘어 있는 상인회들의 단합과 의견합치의 필요성에 동의했다. 상인연합회 회장은 50대 초반의 젊은 대표가 맡고 있다. 2016년 직선으로 선출되어 지금까지 회장직을 수행하고 있다. 상인연합회는 상가번영회 소속 700여 개, 시장번영회 소속 500여 개, 어시장·수산시장번영회 소속 400여 개의 상가 등 총 1,800여 개 상가들의 회원으로 이루어져 있으며 죽도시장 상인들을 대변하는 단체로 활동하고 있다.[37]

2021년 설문조사에 따르면 죽도시장이 관광지로 떠오르지 않는 이유가 '보편적인 즐길 거리'가 없는 것이 주원인으로 조사되었다. 이용고객은 20~30대가 33%, 50~60대가 46%로 시장을 찾는 고객층이 여행, 관광보다는 말 그대로 '장을 보는' 사람들이 많다. 간편한 먹거리나 편의시설을 보완하면 젊은 고객층을 확보할 수 있는 가능성도 큰 것으로 파악된다. 내국인은 물론 외국인까지 몰려드는 여행, 관광 시장을 위한 노력이 필요해 보인다.

시장상인들도 변하고 있다. 젊은 세대가 가업을 잇거나 새로운 비즈니스 모델을 가지고 시장에 진입하고 있다. 건어물상가들은 자기만의 브랜드와 상표를 가지고 있다. 이들은 SNS마케팅으로 전국에 고객을 확보하고 있다. 회 상가에서는 직접 방문하는 고객을 상대하는 경우도 있지만 내가 아는 어느 상인은 밤새 잡은 활어를 회로 만든다. 새벽에 수십 개의 보냉박스를 택배로 서울로 보내면 일과가 끝난다. 고객은 서울의 회사 구내식당, 도시락 체인점 등이다. 당일 손질되어 올라온 회는 점심때 서울직장인들에게 제공된다. 어느 농수산물 상인의 고객은 울릉도의 식당들이다. 매주 대구, 포항 등지에서 구매한 야채와 과일을 일주일에 두 번, 트럭과 함께 배편으로 울릉도에 보낸다. 도로와 KTX가 열리고 택배가 유통을 장악하면서 죽도시장의 상권은 전국으로 확대되고 있다. 이들 상인의 연간 매출액은 20~50억 원에 이른다. 변화된 환경에 가능성을 보고 뛰어든 젊은 상인들이 많아지고 있다.

여전히 죽도시장 영역을 구분하는 것은 어렵다. '포항죽도시장 활성화 구역'으로 지정된 곳은 대지면적이 13만2,000㎡(4만 평), 건물면적 6만5,000㎡(2만 평) 규모이다. 2,500여 개 점포에 6,000명 이상의 상인과 택배업자, 서비스 사업자들이 삶을 영위하고 있다. 평일에는 3만 명이 시장을 찾고 주말이 되면 5만 명의 고객이 방문하는 방대한 시장이다. 매출은 2019년 지역신문에서 연매출이 1조5,000억 원으로 추정하고 있는데 재래시장 특성을 감안할 경우 2조5,000억 원 이상일 것이라고 예상한다. 2조5,000억 원 회사가 수만 명을 먹여 살리고 있는 것이다. 여전히 죽도시장은 '포항의 심장'으로 살아 숨 쉬고 있다.

죽도시장 활성화를 위해 대형주차공간 확보와 소비자 편의시설 확충, 가로정비 및 통로 적치물 정비, 특화거리, 업종별 단지조성, 공동시설 조직화, 협업화와 쾌적한 환경조성이 필요하다고 지적되었다. 2001년 포항시가 죽도시장 활성화 계획 용역 후 나온 내용들이다. 지금도 활성화 대책은 그때와 크게 바뀌지 않았다. 시장에서 만난 30대의 상인은 "무엇을 해야 할지는 누구나 알고 있다. 결국 누가 어떤 사람들과 힘을 합쳐 예산을 확보하여 실천하느냐가 중요"하다고 따끔한 충고를 남겼다.

와이프는 죽도시장을 이용하지 않는다. 백화점이나 마트, 아울렛을 이용한다. 요즘은 인터넷 구매를 주로 이용한다. 직장을 가진 여성이어서 장을 보러가는 일상의 주부와는 거리가 있는 것이 사실이다. 그리고 부산출신으로 자갈치시장을 보고 자라서 그런지 죽도시장의 규모나 위세를 이야기하면 그저 웃는다. 다만 얼마 전 나의 손에 이끌려 죽도시장에서 우럭 물회 맛을 보고는 약간 흥미를 느끼기 시작했다. 이 물회집을 가려면 송도 쪽에서 들어가야 하는데 낯익은 간판이 눈에 들어왔다. '까치 주차장' 부모님이 식당을 하던 시절, 뻔질나게 드나들던 그 주차장이 아직도 성황리에 영업을 하고 있었다. 30년 전에 있었던 그 자리에서 엄청나게 커진 규모로 말이다. 아버지는 봉고차를 끌고 새벽 4시면 일어나서 당일 식재료를 구입하기 위해서 어머니와 죽도시장으로 가셨다. 식재료가 떨어지면 낮에 내가 동원되기도 했다. 죽도시장은 그렇게 포항시민의 애환을 가득 담고 생태계를 이루면서 오늘도 진화해가고 있다. 나는 죽도시장의 힘을 믿는다.

9

삐걱거리는 기업도시,
포스코의 내우외환

2022년 우크라이나에서 전쟁이 한창이다. 그중에서 가슴 아픈 대목이 마리우폴이라는 항구도시, 아조우스탈 제철소에서 벌어지고 있는 전투이다. 요새화된 제철소에서의 전투는 우크라이나의 항복으로 막을 내렸다. 아조우스탈 제철소는 면적이 11㎢인 유럽 최대규모의 제철소로 우크라이나 철강·광산기업인 메틴베스트가 운영하고 있다. 아조우스탈 제철소는 러시아의 우크라이나 침공 전까지 연간 400만 톤의 철강을 생산해왔다. 우크라이나 전체 생산량의 3분의 1을 차지할 정도로 비중이 높았다.

그런 제철소가 전쟁터가 되어버렸다. 특히 건물 지하에는 원료와 자재를 운반하기 위해 건물들을 연결한 터널이 미로처럼 조성돼 있다고 한다. 미로의 깊이가 30m이고 길이는 총 20㎞에 달하는데, 이 터널들은 두꺼운 콘크리트 벽과 겹겹의 철문으로 둘러싸여 있고 독자적인 통신망이 설치되어 있다. 이처럼 요새화된 지하로 인해 전쟁 이후 제철소가 우크라이나군의 항전 장소와 민간인 피난처의 역할을 했던 것이다. 전쟁이 만들어낸 비극이다. 제철소와 함께 사는 포항시민으로서 더욱 안타까운 마음이 들었다.

협력하지 않는 포항시와 포스코

2000년대로 접어들었다. 포항을 둘러싼 주변 여건이 바뀌면서 포스코와 지역사회 간의 관계도 변화가 일어났다. 포스코와 포항시의 이해관계가 달라지기 시작한 것이다. 포스코는 민영화가 되면서 글로벌 기업으로 변신을 추구하였다. 탈지역화 전략을 통해 기업도시의 틀에서 벗어나려는 움직임을 보였다. 포스코 신사옥을 포항 신시가지에 건립하는 계획은 1990년대 중반 철회되었고 사명변경도 포항시민들의 반대로 몇 번의 시도 끝에 이루어졌다. 철강산업이 사양화되고 국내외 경쟁이 심화되었지만 마이너스 수익과 생산 감축 같은 절박한 위기대응은 고려치 않았다. 다만 사업다각화와 기업경영의 글로벌화 과정에서 각종 본사 기능이 서울로 집중되면서 포항제철소는 생산 중심으로 역할이 변경되었다.

포스코는 정보통신, 첨단산업 진출도 시도하였으나 철수하였다. 기대 이상의 성과를 내지 못하였다. 다른 한편으로는 포스코를 중심으로 포스텍과 포항산업과학연구원을 엮어 산·학·연 협동체제를 구축하려는 계획을 야심차게 진행하였다. 이를 위해서는 수평적인 협력관계가 필수인데, 포스코 주도의 수직적 위계관계가 굳어지고 포스텍의 반발이 심각하여 기술혁신모델을 정립해 내지 못했다. 이런 움직임은 기업이 주축이 되어 저강도 위기에 선제적으로 대응하려는 실험적 시도라는 공통점이 있다. 문제는 포스코가 스스로 기업의 존폐가 걸린 절박한 현안이 아니라고 판단해서 느슨하게 대처했기 때문에 기대만큼 성과가 없었을 따름이다.

이에 2000년대 중반 이후 포스코는 기존의 철강산업 중심의 성장 전략을 보다 공고히 하는 기업 발전 모델을 채택했다. 이 선택은 기업 재활에서 상당한 성과를 거두었다.

포항시는 정체에 위기를 느끼고 포스코보다 적극적으로 대처했다. 포항시가 중심이 되어 철강산업에 편중된 지역경제를 개편하려는 다양한 방안이 시도되었다. 포항테크노파크 설립, 테크노파크2단지 개발(포항테크노밸리), 영일만 산단 업체 유치 등이 그런 노력이었다. 그러나 기업도시의 위기에 대한 공감대(포항제철소는 혁신하면서 돌아가고 있었으므로)가 약한 상황에서 포스코나 포스텍은 포항시의 기획에 동조하지 않았다. 포스코는 자칫 포항시의 전시행정에 활용될 것을 우려하였고 포스텍은 자체 연구·개발에 더 주력하는 입장이었다.[38] 포항산업과학연구원의 중견 연구원은 "포스코는 수익성과 미래 전망이 불투명한 대규모 개발 사업에 대한 비용 부담을 꺼렸다"며 "포스코는 포항테크노파크가 2003년부터 국비 지원을 받게 되자 포항시장 중심의 체제가 공고화되면서 테크노파크를 통한 도시재활사업에 개입하려 하지 않았다"고 설명했다. 전체적으로 포항시가 주도해서 포스코, 포스텍의 협력을 끌어들여 진행하려고 했던 지역 경제발전은 공허한 수사로 끝나고 말았다.

이권에 찢겨지는 포스코와 지역사회

2007년 말 이명박 정권이 들어섰다. 포항은 대통령의 고향이다. 대통령의 형, 이상득 의원은 포항에서만 내리 5선을 한 국회의원이었다. '만사형통'이 회자되던 시절이었다. 그 시절 포항은 자연 활기가 돌았다. 지역 인사들이 청와대에 비서관으로 입성했고 지역에서 진행 중인 사업들이 속도감 있게 추진되었다. 지역 정치인들은 이번참에 지역 민원과 숙원사업을 해결하려는 시도를 했다. 영일만대교 건설이 청와대에 건의되고 포항시 구룡포, 장기, 동해 일원에 조성되는 180만 평 규모의 블루밸리 산업단지가 본격 조성되기 시작했다. 블루밸리는 국가산업단지로 지정되어 한국토지주택공사(LH)가 사업시행을 맡게 되었다. 블루밸리에 대우조선소를 유치해야 된다는 이야기가 떠돌았다.

포스코의 사정을 누구보다 잘 알고 있던 정권의 실세들은 포스코 인사에 관여하기 시작했다. 포스코를 정권의 이해관계에 활용한 것이다. 2009년 1월 우여곡절 끝에 정준양 회장이 취임하였다. 권력이 개입했다는 소문이 파다했다. 포스코 계열사의 고위 임원은 "역대 정권은 주인 없는 포스코를 당연히 자신들의 전리품이라고 생각하고 각종 이권을 챙기려 했다"며 "이것이 포스코가 정권이 바뀔 때마다 흔들리게 되는 근본 이유"라고 지적했다.[39] 지역 정치권과 직·간접적으로 인연을 맺고 있던 토착세력도 이권싸움에 뛰어들었다. 특히 민영화 이후 기존 포스코 내부 인력을 아웃소싱하기 위한 차원으로 외주파트너사를 양산하게 되는데 이 자리를 차지하기 위한 복마전이 치열했다. '영포라인'과 지역의 특정 사회단체가 주목을 받았다. 어쩌면 그동안 포스코의 위세에 눌려 항상 '을' 취급을 받던 지역토착세력들이 '갑'이 되는 상황이 발생한 것이다. 지역토착세력이 정치권의 힘을 배경으로 포스코를 압박하기 시작했다. 아이러니한 상황이었다. 세우기는 어려워도 무너지는 것은 순식간이었다.[40]

정권이 바뀔 무렵인 2012년이 되면서 4년 동안 포스코 내부에서 정치권의 개입으로 불거진 무리한 일 추진과 이권 개입 사건들이 봇물 터지듯 보도되었다. 2009년 54.5%였던 포스코의 부채비율이 2011년에는 92.4%까지 높아졌다. 포스코 계열사는 36개가 늘어 70여 개에 이르렀다. 정 회장 취임 이후 3년 동안 계열사를 늘렸는데, 이 때문에 힘을 분산시켰다는 비판을 받았다. 이 중에는 미래성장사업, 철강가공산업도 있었지만 불필요한 M&A와 사회공헌계열사들도 포함되어 있어 비판받았다.[41]

검찰은 수사과정에서 포스코의 지배구조를 주인 없는 포스코에 주인이 너무 많다고 설명했다. 소위 '오너'가 없는 포스코에서, 임기가 한정된 전문경영인이 정치권과 유착하거나 특정하도급업체를 지

시사저널 2022-08-20
1714호

≡   정치   경제   사회   국제   한반도   IT   LIFE   OPINION   네트워크

'내우외환'이 끓는 포스코 용광로

노진섭 기자 (no@sisapress.com) | 승인 2012.05.06 04:13

| 실적 부진에 시달리고 부채 비율 높아져 사내·외 이사들 부침도 심해…최근에는 "보은 인사" 뒷말도

ⓒ시사저널 유장훈

44년 전 포항의 거센 바닷바람을 받아내며 허허벌판에 우뚝 선 포스코(당시 포항제철)가 최근 복합유통단지 시공사를 선정하는 과정에서 불거진 비리에 휩쓸려 있다. 정준양 회장은 취임 이후 실적이 과거만 못한데도 계열사를 넓히며 외관을 무리하게 확장했다는 눈총도 받고 있다. 포스코가 이런저런 주목을 받는 배경이다.

'정준양호'는 최근 실적 부진이라는 암초에 부딪혔다. 2007년 22조2천억원이던 포스코 매출은 2011년 39조1천억원 규모로 불어났다. 그러나 올해 1분기 영업이익은 4천2백억원으로 지난해 1분기에 비해 54.2%나 줄어들었다. 영업이익률도 지난해 1분기 10.1%에서 올 1분기에는 4.5%로 대폭 하락했다. 물건을 많이 팔았지만 장사를 잘 못한 셈이다. 철강기업의 영업이익률이 5% 이하로 떨어지면 성장은커녕 경쟁력 유지도 어렵다는 반응이 나오는 이유이다.

정회장이 취임한 2009년 54.5%였던 포스코의 부채 비율이 지난해에는 92.4%까지 높아졌다. 지난 2010년 초 7조원에 달했던 포스코의 현금성 자산은 올 들어 2조원대로 급감했다. 포스코가 SK텔레콤, KB금융지주, 하나금융지주 등의 지분을 팔아 약 1조원의 자금을 마련한 것도 이런 실적 악화가 원인이라는 분석이 나왔다. 포스코는 올해 투자 규모를 대폭 줄여 4조2천억원을 집행할 계획이다. 이는 지난해에 비해 26.3% 감소한 것이다. 올해 초 정회장이 밝힌 4조5천억~5조1천억원에 비해서도 3천억원 이상 줄어든 규모이다.

원하기 위하여 회사의 자산과 자원을 임의로 선심 쓰는 폐해가 적나라하게 노출되었다.[42]

포스코 계열사 전직 임원은 "정치권의 이권개입은 예상되는 사항이었는데, 이번에는 포항과 포스코를 너무 잘 아는 정권이 들어서서 폐해가 심했다. 그렇지만 정 회장도 너무 줏대 없이 대처했다. 회

사가 우선이었는데 전임 회장들과 달리 너무 흔들렸다"며 안타까움을 표시했다. 전직 언론인은 "이렇게까지 심하게 지역세력들이 포스코를 휘저을 줄은 몰랐다. 지역 정치인은 포스코 민원을 해결해주고 대가를 요구할 정도였으니, 사적인 욕망만 난무하는 모습이 실망스러웠다"고 개탄했다.

이런 과정에서 포항은 이익을 보았을까, 피해를 보았을까. 분명한 것은 후유증이 너무 컸다. 정권이 바뀌면서 2014년 권오준 회장이 취임하였다. 국내외 철강산업 사정도 악화되었다. 매출과 영업이익이 눈에 띄게 줄어 있었다. 권 회장은 구조조정에 돌입하였다. 방만한 계열사도 정리하였다. 포스코 사정이 이러했으니 포항철강공단이나 포항의 경제에는 한파가 몰아쳤다.

포스코는 안정적인 경영진 승계라는 영원한 숙제를 계속 안고 있다. 포항시민, 지방정부, 특히 토착세력들은 기업도시 포항에서 관계 설정과 협력이 어떻게 이루어져야 하는지 뼈아픈 교훈을 얻게 되었다. 기업과 도시의 관계 설정은 어떠해야 할까. 거버넌스(협치)의 관점에서 지방 산업도시의 혁신을 연구하는 울산대 조형제 교수는 "한 기업의 흥망성쇠에 따라 도시 전체의 명운이 좌우되기도 한다. 도시는 기업의 수혜자이다. 하지만 기업 역시 지속가능하기 위해서는 지역사회 구성원들의 개입을 시스템적으로 보장하는 노력을 해야 한다. 지역사회의 감시는 기업의 자기 혁신에도 기여한다"고 설명하였다.

우크라이나 아조우스탈 제철소의 전투는 끝났다. 거기는 총알이 날아다니고 포탄이 떨어지는 전쟁터였다. 전쟁이 끝나면 제철소는 다시 복구될 수 있을까. 포항은 포항제철소에서 생산되는 철강에 기대어 수만 명의 사람들이 생계를 유지하고 있다. 물론 이권 다툼도 치열하다. 여기도 전쟁터이긴 마찬가지이다. 그러나 이 제철소는 파괴되지 않았으며 높은 생산력을 유지하고 있고 계속 운영 중이다. 관계하고 있는 모든 이들이 협력하고 평화롭게 성과물을 나눌 수 있도록 방법을 찾아보아야 할 때가 온 것같다.

10

태풍 힌남노가 휩쓸어버린
포스코와 철강공단

　영남 동해안에 사는 사람들은 항상 태풍에 경계심을 가지고 있다. 적어도 1년에 1~2개의 태풍이 스쳐 지나가며 제대로 된 태풍에 걸려들면 막대한 인명과 재산피해가 발생해왔다. 2022년 추석을 앞둔 9월 6일 새벽, 역대급 태풍인 '힌남노'가 포항을 직격했다. 바람 피해보다 집중호우에 의한 피해가 컸다. 포항 남구 지역인 오천, 대송, 포스코와 철강공단 지역에는 4~500㎜의 비가 내렸다. 만조수위와 겹치면서 냉천과 칠성천이 순식간에 범람하였다.

　냉천 인근의 남구 인덕동 아파트 주차장이 침수되어 차를 옮기러 간 주민들이 실종되었다. 총 12명의 주민이 희생되었다. 테크노파크 직원도 그 아파트에 살았으나 다행히 화를 면했다. 침수 건수는 포항 4개 면에서만 주택 8천호, 상가 3천동에 달했다. 수천 대의 차량이 침수되었다.[43] 그야말로 아수라장이 되었다.

　그날 아침 카톡으로 포스코에 화재가 발생한 장면이 올라왔다. 힌남노 영향으로 포항제철소 스테인리스스틸2제강공장과 2열연공장에서 불이 난 것이다. 아침이 되면서 포항시민들은 아연실색한다. 포스코에서 가동 중인 3기의 고로가 동시에 가동을 멈추었기 때문이다. 그리고 전 공장이 침수와 정전으로 가동 중단되었다. 제철소가 가동을 멈춘 것은 1973년 쇳물 생산을 시작한 이후 49년에 만에 처음 있는 일이다. 냉천이 범람하면서 변전소가 침수되고 정전이 되면서 제철소가 올스톱한 것이다.[44] 태풍이 짧은 시간에 지나가면서 별일 없을 줄 알았는데 시간이 지나면서 피해가 눈덩이처럼 불어났다. 특히 제철소가 예상외의 타격을 받았다는 사실이 알려지면서 포항시민은 물론 전 국민의 관심이 집중되었다.

포항제철소의 조강 생산량은 1,685만 톤(2021년 기준)으로 우리나라 철강생산량의 35%를 차지하고 매출은 18조5,000억 원에 이른다. 하루 가동을 못하면 500억 원의 매출손실이 발생한다. 작년 전체 포스코 그룹에서 차지하는 비중은 24%에 이른다. 포항지역 경제에서 차지하는 비중은 절대적이다. 제철소 조업 중단은 철강단지의 운영에도 파급력이 크다. 철강단지는 가스, 부산물, 원료 등에서 생태계를 이루고 있어 연쇄적으로 영향을 미친다. 이번 가동 중단으로 2조 원의 매출 손실이 예상된다.

철강공단의 경우 지대가 낮은 1단지가 큰 피해를 입었다. 361개의 철강공단업체 중에서 100여 개 업체가 직접적인 타격을 입었다. 공단의 주요 업체인 현대제철, 세아제강 등도 침수 피해를 입어 공장가동이 중단되는 어려움을 겪었다. 전체 피해 규모는 1조 원 이상으로 추산된다. 더욱 걱정스러운 것은 중소기업의 경우 설비 복구를 하려면 막대한 자금이 필요하고 재가동 시점이 지체되면 매출처 복구가 힘들어진다. 침수 피해가 큰 10여 개 업체는 몇 달 안에 공장 재가동이 불투명한 상황이다. 진퇴양난이다.

원료 대부분을 포항제철소에 받아 내연기관용 특수강을 생산하는 A제강사는 원료수급이 걱정이다. 직원은 "현대제철에서 일부 원료를 받지만 거의 대부분을 포항제철소에서 받는다. 남은 재고로 버티겠지만 장기화되면 납품에 어려움을 겪을 수 있다"고 한숨을 내쉬었다.

철강공단에는 철강업체만 있는 것이 아니다. 시멘트·비료·화학업체들도 있다. 철강제품 생산과정에서 발생하는 부산물을 원료로 시멘트와 비료를 만든다. 이런 업체들도 침수피해와 원료공급난의 이중고를 겪고 있다. 원료수급만큼이나 공장설비 가동에 필수적인 스팀·가스 등도 문제이다. 이를 공급해주는 업체들도 침수 때문에 가동을 멈추었다. 화학업체 OCI 포항공장은 카본블랙 생산과정에서 발생하는 부산물인 스팀을 생산하여 포항제철소와 철강공단 업체에 공급한다. 이 업체도 일시적으로 가동을 멈추었다. 철강산단 전체는 유기적으로 연결되어 있어 한 곳이라도 복구가 늦어지면 피해는 가중된다.[45]

복구에 총력전을 벌이는 시민과 포스코

포항시민은 물론 포스코, 철강관리공단 업체들은 추석연휴를 반납하고 긴급 복구에 총력을 기울였다.

포스코는 추석 연휴인 9월 9~12일 포항제철소, 광양제철소, 그룹사, 협력업체, 관계기관 직원 등 연인원 3만여 명이 복구에 투입되었다. 경상북도와 포항시, 해병대 등도 인력·장비를 지원했다. 포스코는 가동 중단 7일 만에 3개 고로를 모두 정상화시켰다. 그러나 고로에서 쇳물이 나와도 제품 생산이 정상적으로 이루어지기는 어렵다. 하공정인 압연라인의 침수피해가 워낙 심각하여 배수와 진흙 제거, 설비 교체, 전기라인 복구까지는 몇 개월이 걸릴 것으로 보인다.[46] 포스코는 3개월을 목표로 하고 있지만 정부나 철강업계에서는 6개월이 걸릴 것으로 예상했다.

연휴 기간 중에 일당 125만 원 전기 기술자 모집 공고가 화제가 되기도 했다. 최악의 위기가 '고액의 알바'를 만들어 낸 것이다. 포항제철소 공단협의회는 포항제철소 전기설비 복구작업에 참여할 인력을 모집한다는 모집 공고 문자를 협의회 소속 기술자들에게 긴급 전송했다. 이렇게 모인 300여 명의 용병은 나흘간 제철소 현장에서 구슬땀을 흘리며 힘을 보탰다. 평소 50만 원 일당이 휴일·주말·야근이 포함되면서 125만 원이 되었다고 한다. 현장의 긴급함이 느껴지는 대목이다.[47]

철강공단에도 복구를 위해 중장비가 바삐 움직였다. 침수된 곳은 배수펌프로 퍼내고 오수로 오염된 제품과 공장 곳곳을 씻어냈다. 건설 기계 정비업체와 기계 제조업체 직원들은 쉬지 않고 용접하고 그

라인더로 작업하고 있다. 현장 근로자는 물론 자원봉사자와 해병대
도 곳곳에서 힘을 보태고 있다. 더디지만 빠르게 정상을 되찾아가고
있다.

철강공단 포스코 협력업체에서 근무하는 임원은 "포스코 임원으
로부터 새벽부터 전화가 온다. 이거 해 달라, 저거 해 달라" 닦달한
단다. 내가 그래도 대목을 만난 것이 아니냐고 물으니 "말도 말라.
문제는 제대로 보상해주지 않으니까 문제"라고 푸념했다. 그렇지만
지금까지 포스코 때문에 살아왔으니 힘들지만 감수해야 한다며 전
화를 끊었다. 2022년 9월, 포항철강공단의 풍경이 힘겹고 애처롭다
는 생각이 들었다.

무의미한 책임공방

이런 와중에 포항제철소 침수를 두고 책임공방이 벌어졌다. 산업
통상자원부는 민간 전문가를 중심으로 구성된 '철강수급 조사단'을
꾸려서 9월 16일 1차 조사를 위해 포항제철소를 방문했다. 산업부
는 "태풍 힌남노가 충분히 예보된 상황에서도 이런 큰 피해가 발생
한 이유에 대해 중점적으로 따져보겠다"는 입장을 밝혔다. 이번 태
풍피해가 포스코가 사전에 방지할 수 있었던 인재는 아니었는지, 포
스코가 피해 상황을 축소 보고한 것은 아닌지 면밀히 조사해 책임을
묻겠다는 취지로 읽힌다.

그러자 포스코는 곧바로 보도자료를 내고 이번 침수피해는 '천재

지변'으로 냉천의 범람이 원인이라고 주장했다. 포스코는 "냉천 바닥 준설, 불필요한 구조물 제거 등 하천을 재정비해 물길의 흐름을 원활히 해야 냉천 범람을 구조적으로 막을 수 있다"고 맞섰다. 양측의 입장이 엇갈리는 가운데 일각에서는 정권교체기마다 포스코의 수장이 바뀌었던 전례가 있는 만큼 포스코 경영진에 대한 이번 태풍피해 책임론 분위기도 그런 기류와 관련이 있을 것이라고 분석했다.[48]

복구가 급한 상황에서 지금은 잘잘못을 논할 때가 아니라는 목소리도 많다. 철강업계 관계자는 "정상화부터 하고 책임이나 원인을 가리는 것이 순서"라고 지적했다.

이강덕 포항시장은 9월 15일 포스코 본사를 방문해 김학동 부회장을 만나 태풍 피해 복구 및 조기 정상화를 위해 공동대응책을 논의했다. 장기적인 관점에서 포항시는 냉천 제방을 높이고 하상을 낮추고 교량을 개량하는 등 물 흐름 개선에 노력하고 포스코 차원에서는 차수벽 설치 등 방재대응 역량을 높여줄 것을 당부했다. 두 기관은 지역경제의 기둥인 포항제철소가 하루속히 정상화되도록 지원과 협력 체제를 구축하기로 했다.[49]

포스코에 30년 이상 근무하고 있는 직원은 "물론 자연재해이다. 그러나 포스코 직원들은 냉천정비가 왜 저렇게밖에 될 수 없었나 원망하기도 한다"며 "요즘 직원들은 말수가 줄었다. 그저 묵묵히 출근해서 끝도 없는 복구작업을 수행하기도 바쁘다. 서로 상처주는 일은 그만했으면 좋겠다"고 푸념했다.

태풍 이후 지곡단지 안에 이런 플래카드가 게시되었다. '포스코 임직원 여러분 힘내세요, 퇴직자들도 여러분과 함께 하겠습니다', '포스코와 협력사는 일심동체, 함께 극복합시다' 포스코 동우회와 포스코협력사협회가 내건 현수막이다. 테크노파크 임직원들도 지난 주에 형산강변에서 쓰레기더미를 치우는 지원활동을 벌였다. 전국 각지에서 자원봉사자들이 포항으로 몰려오고 있다. 이게 전 국민이 가지는 포항과 포스코에 대한 '진심'일 것이다. 지금은 갈등과 반목의 마음을 내려놓고 합심하여 포항에 들이닥친 재해와 위기에 공동으로 대응해야 할 때이다. 2022년 9월, 포항은 위기상황에 직면해 있다.

복구작업에 한창인 포항제철소 내부

제3장

포항의 미래,
어떻게?

1

셰필드와 빌바오의 경우

풀 몬티(Full Monty)라는 영국 코미디 영화가 있다. 풀 몬티는 영국 속담으로 '홀딱 벗는다'는 뜻이다. 1998년에 개봉하여 흥행에도 성공했고 아카데미상에도 노미네이트 되었다. 이 영화는 1970년대 초반 현대화와 완강한 구조조정으로 인해 제철소가 문을 닫으면서 해고당한 영국 철강근로자들이 생계를 위해 스트립쇼를 벌이는 과정을 그리고 있다. 기본적으로 웃기지만 페이소스가 있는 영화였다. 영화의 배경이 된 곳이 영국 중부 사우스요크셔주 셰필드라는 도시이다. 산업혁명 이후 잉글랜드의 대표적 중공업도시였다. 영화가 개봉될 때가 IMF외환위기가 터질 때여서 '해고'라는 공동적인 카테고리가 작용해서였는지 흥행이 잘 되었다.

산업화는 우리보다 서구가 먼저 겪은 것이라 철강산업으로 융성했던 해외도시의 재생 사례를 돌아보는 것도 포항의 미래를 가늠하는 데 좋은 참고가 될 것이다.

문화산업도시로 변신한 산업혁명도시, 셰필드

먼저 풀 몬티에서 언급했던 영국 셰필드 사례를 보자. 셰필드의 인구는 68만 명(2021년 기준)으로 영국에서 네 번째로 큰 도시이다. 철강산업 쇠퇴로 2002년 51만 명까지 떨어졌으나 지금은 1970년대 전성기 수준(57만 명)을 넘어섰다. 셰필드는 1984년부터 철강산업을 대체할 새로운 미래형 산업으로 지식정보산업, 정밀기계산업, 관광문화산업, 현대형 레저산업을 선정하여 집중 육성하는 계획을 세웠다. 시의회는 '문화산업도시'를 비전으로 설정했다. 수많은 디자인, 영화, 출판관련기업들이 옛 철강단지 지역에 입주했다. 교외형 대형쇼핑센터인 메도우 홀(Meadow Hall) 건설, 빅토리아 부두 및 시티공항 개발, 로우어 돈 밸리(Lower Don Vally)개발, 셰필드 밸리(e 캠퍼스) 구축을 추진하였다. 1991년에는 하계유니버시아드 대회를 유치하여 도심 내부의 물리적 환경을 개선하고 도시 이미지를 쇄신하였다.

본격적인 문화산업 클러스터 구축을 위하여 셰필드시는 1986년 문화산업지구(CIQ)에 레드 테이프 스튜디오를 개국하였다. 스튜디오는 기존 자동차 전시장으로 사용되던 공장건물을 개축하여 리허설, 레코딩, 사운드 트레이닝을 할 수 있는 복합시설이다. 이런 노력으로 셰필드 전체 고용인력의 6.8%가 문화사업 관련 일자리이다.[1]

셰필드 도시재생의 성공요인으로 중앙-지방간 다층적 협력과 민·관 간의 파트너십, 다양한 지원 자금, 사회통합적 접근을 지적할 수 있다. 이를 수행할 거버넌스인 도시재생기구를 시대에 맞게 구성하여 재원을 조달하는 방식을 택했다. 초기에는 중앙정부가 재원 및 개발권한을 가지고 쇠퇴지역의 거점개발, 프로젝트 중심의 물리적 재생이 시도되었다. 중기 이후에는 점차 지방정부로 권한을 이양하여 경제, 문화 활성화와 산업구조의 전환을 포함하는 종합적인 재생을 추진하였다. '시민 참여', '커뮤니티 중심 개발', '자산 관리와 활용', '다양한 사업모델 활용', '공동체 수익 창출', '사회적경제와 도시재생의 융합' 등이 핵심가치로 작용하였다. 이런 노력으로 1980년대 말까지 총 20억 파운드(3조2,000억 원)의 자본이 유치되어 투입되었다. 이후에도 도시재생회사인 세필드원(Sheffield One)은 2000년부터 2007년까지 약 3억620만 파운드(약 6,000억 원)의 재원을 공공, 민간으로부터 유치하였다.

빌바오의 과감한 투자

2000년대 초반 포항에서는 스페인 빌바오 따라 배우기가 유행이었다. 시 공무원들은 앞다투어 빌바오를 방문하여 벤치마킹에 열중하였다. 그도 그럴 것이 빌바오는 철강, 조선산업으로 크게 융성한 도시였는데 쇠퇴하였다가 다시 재생하여 활기찬 도시가 되었기 때문이다. 빌바오는 스페인 이베리아반도 북부, 바스크 지역의 중심부에 위치한 도시이다. 인구는 35만 명 정도이나 주변 지역을 포함할 경우 약 100만 명으로 스페인에서 5번째 되는 규모를 가지고 있다.

스페인 빌바오

빌바오는 14세기부터 교역 중심지로 발전한 유서 깊은 도시이다. 빌바오는 산업혁명기를 거쳐 철강산업과 조선산업이 크게 융성해 스페인의 가장 중요한 중공업 중심지로 성장하였다. 20세기 초에는 스페인에서 가장 부유한 도시가 되었다. 그러나 1970년대 경기 침체로 빌바오는 성장을 멈추고 도시 경쟁력을 상실하기 시작했다. 더욱이 1980년대 들어서는 포스코를 비롯한 아시아 각국에서 철강산업을 육성하면서 도시 몰락이 가속화되었다. 또한 바스크 분리주의자들의 빈번한 테러로 도시는 점점 불안해지기 시작했다. 1980년대 중반 실업률이 35%에 달하고 45만 명에 육박하던 인구도 35만 명으로 줄어들었다.

빌바오는 이런 상황을 타개하기 위해 영국 글래스고우나 미국 볼티모어와 같은 도시재생 선진지를 견학하였다. 1986년 도시 기본계획을 세우고 7군데의 지역재생 사업을 추진하였다. 이어 스페인 정부와 바스크 지방정부는 지분을 절반씩 투자해 '빌바오 리아 2000(Bilbao Ria 2000)'을 설립하고 지역대학, 금융, 철도, 전기, 빌바오 시청 등 민관 관계자들이 참여하는 기구인 '빌바오 메트로폴리-30'을 세웠다. 이 기구는 도시재생과 관련된 장기적 비전과 전략을 수립하는 싱크탱크 역할을 수행하였다. 시는 문화산업에 집중하는 전략으로 재생프로젝트를 본격적으로 진행하였다. 도심 강변의 항만시설을 철거하여 네르비온 항구 바닷가로 이전시켰다. 제철소가 있던 지역은 전차가 다니게 했으며 녹지도 만들고 친환경 도로를 건설해 도시를 완전히 변화시켰다.[2]

가장 결정적인 사건은 1997년 빌바오 구겐하임 미술관을 유치한 것이다. 미국의 금융자본가 구겐하임 가문은 넘쳐나는 소장품을 보관할 목적으로 세계의 주요 거점에 구겐하임 미술관을 건립하고 있었다. 바스크 지방정부와 빌바오시는 1억 달러(1,200억 원) 이상을 투자하여 미술관을 유치하였다. 스페인 그라나다에서 실어온 돌로 만든 외벽에다 비행기 본체에 쓰는 티타늄으로 생선비늘처럼 입힌 구겐하임 미술관은 20세기 최후의 명품 건물로 꼽힌다. 이 미술관은 일 년에 수백만 명의 관광객을 유치하고 있다. 이런 노력을 통해 빌바오는 '아름다운 문화도시'로 변화하였다.

어찌 이런 랜드마크 하나로 도시가 살아날 수 있겠는가. 한때 포항에서는 환호공원에 울릉도가 보이는 전망대를 설치하자는 주장이 제기되었다. 뜬금없는 논의가 구체적이고 아주 진지하기까지 했다. 전형적인 '아니면 말고' 식의 아이디어였다. 빌바오를 방문했던 퇴직한 포항시 과장은 "포항도 빌바오처럼 되려면 주변이 함께 개발되어야 한다"고 강조했다. "문화예술회관이 있는 형산강 주변이 복합단지처럼 개발되었으면 좋았을 것이다. 아니 지금도 그렇게 해야 한다. 빌바오에 가보니 미술관 옆에 대형 호텔, 컨벤션 센터, 공연장이 같이 있더라"고 말했다.

빌바오에는 구겐하임 미술관만 있는 것이 아니다. 빌바오에서 15km 떨어진 자문디오 산업단지에서는 로봇, 기계공학, 자동차공학, 태양광 등 첨단산업 업체를 적극 유치하고 있다. 20년 동안의 노력으로 지멘스, 보다폰, 에릭슨 등 첨단기업들의 연구소와 자회사가 건립되면서 총면적 200만㎡(60만 평)에서 연간 20억 유로(2조7,000억 원 규모)의 매출이 발생하고 있다. 입주업체만 205개이고 고용인원은 약 7,000명에 달한다.[3]

오랜 역사와 전통을 가진 도시를 기존의 틀에서 바꾸어 변모시킨다는 것은 참으로 힘겨운 작업이다. 테크노파크 선진지 견학을 위해 여러 도시를 다녀보았는데 우리가 하고있는 것이 맞는지 제대로 하고 있는지 의심이 들 때가 많았다. 방문지에서 담당자들은 우리의 질문에 뜨악한 표정을 짓던 모습을 잊을 수 없다. 코로나19 전에는 아시아테크노파크협의회에서 각 나라를 돌아가면 1년에 한 번씩 국제세미나를 진행했었다. 2010년 대전에서 진행되었던 그해 행사에서 국내 어느 테크노파크 원장께서 나오셔서 사업성과를 설명했다. "정부 자금 얼마를 받아서 이런 센터를 짓고 이런 장비를 도입했다. 지금까지 투자된 자금이 1,000억 원 이상이다"며 자랑스럽게 설명했다. 듣고 있던 유럽 쪽 테크노파크 관계자는 시큰둥한 반응을 보였다. "So What?" 발표하던 원장은 말문이 막혔다. 나는 우리가 하고있는 사업들이 아직 하드웨어에 투자하는 수준이어서 씁쓸했던 기억이 있다.

2

피츠버그와 기타큐슈의 경우

피츠버그 이야기를 해보자. 쇠락한 제철산업도시에서 벗어나 가장 성공적으로 변신에 성공한 곳이다. 전 세계 비슷한 고민을 가진 도시들의 1순위 벤치마킹 대상 도시이기 때문이다. 1980년대 포스코의 성장으로 구조조정에 나서 제철소를 일부 폐쇄한 기타큐슈도 제일 먼저 피츠버그로 달려갔었다. 피츠버그 담당자는 농담 섞인 어조로 "제발 이제 피츠버그를 러스트 벨트 도시로 지칭하지 말아 달라. 여기는 IT도시이다."라고 항변했단다.

대학과 거버넌스가 만들어낸 피츠버그 재생

피츠버그는 인구 30만 명의 작은 도시지만 경제생활을 함께하는 광역피츠버그 지역의 인구는 260만 명으로 미국에서 20번째로 큰 대도시권이다. 1960년대까지 앨리게니강과 모농게헬라강이 교차하는 지역에 제철소와 제조업 공장들이 즐비했었던 산업생산의 중심지였다. 철강왕 카네기가 20세기 초에 미국 철강생산의 60%를 담당하던 때에는 '철의 도시(Iron City)'로 불렸다. 2차 세계대전 때는 군수품 생산으로 전성기를 맞으며 공장 연기가 하늘을 덮는 '매연 도시(Smoke City)'로 악명을 날리기도 했다.

1970년대 미국의 전통 산업이 후발 공업국에 밀리며 구조조정을 당하자 피츠버그는 쇠락하기 시작했다. 1977년부터 1987년까지 10년간 75%의 제철소가 문을 닫고 35만 명이 감원되었다. 피츠버그에서 원전산업을 유지하던 웨스팅하우스도 내리막을 걸으면서 인구가 70만 명에서 30만 명으로 추락했다.

펜실베이니아 주정부부터 나섰다. 1983년 BFP(Ben Franklin Partnership) 사업을 시작했다. 주정부, 경제계, 펜실베이니아 연구중심대학(카네기멜론대학, 피츠버그대학)이 협력 거버넌스를 만들고 4곳에 첨단기술센터를 건립하였다. BFP는 벤처캐피탈 역할도 수행했다. 대학들은 상용화가 가능한 기술개발과 창업지원을 통해 연구개발을 산업화시켜나갔다. 카네기멜론대학은 이미 인공지능과 로봇공학, 컴퓨터사이언스 분야에서 세계적인 경쟁력을 가지고 있었다. 성공적인 산학협력 덕에 현재 구글, 애플, 마이크로소프트, 우버, 인텔, 오라클, 야후가 연구소나 지사를 세워 협력하고 있다.

피츠버그대학은 대학병원(UPMC)을 중심으로 의료와 바이오 분야를 특화시켰다. UPMC는 피츠버그와 펜실베이니아 전역에 40개의 병원과 8만7,000명의 직원을 거느린 비영리 조직으로 성장하여 피츠버그 최대 고용주가 되었다. 광역 260만 명 피츠버그 인구 중에서 지식산업 종사자만 41만5,200명에 달한다. 1990년 이래 12만8,400명이 늘었다. 미국에서 보스톤 다음으로 학사와 석·박사 학위 소지 거주자가 많은 곳이 된 것이다.[4]

성공요인은 시민사회 주도의 민관협의체이자 싱크탱크인 앨리게니 회의(Allegheny Conference)가 꼽힌다. 앨리게니 회의는 1944년 카네기멜론대학 총장과 피츠버그 시장, 멜론 가문(멜론 은행 소유, 지역 경제계 대표)이 주축이 되어 만든 단체이다. 앨리게니 회의는 지역에 경제위기가 계속되자 '21세기 전략(Strategy 21)'이라는 비전을 제시하고 '제2의 피츠버그 르네상스 운동'을 일으켰다. 기술기반 산업과 매력적인 도시 만들기가 운동의 핵심이었다. 1985년, 2조 원짜리 도시 인프라 혁신 프로젝트를 만들고 주정부와 연방정부의 지원을 통해 신공항 건설과 광역교통망 확충 등을 성사시켰다. 고학력 인구가 살고 싶은 도시를 만들고자 도심 재개발과 문화시설도 확충하였다. 앤디 워홀 미술관 건립, 피츠버그 역사박물관의 도심 이전 그리고 PNC파크(피츠버그 연고팀 야구장)를 건립하였다.

그렇지만 그늘도 있다. 하이텍 분야의 고임금 일자리가 늘었지만 대부분 외지로부터 유입된 지식노동자들이었다. 이 지역 토박이들, 특히 과거 제철소와 공장지대 주민들 중 상당수 젊은이는 타지로 떠나고 이제는 노인들만 남았다. 대규모 공장폐쇄 시기, 지역 노조와 활동가들이 단체를 결성하여 공적자금 투입을 통한 공공화(국유화)를 도모하기도 했다. 그러나 모두 실패하였다. 기업 자체가 무너지는 상황에서 노동운동은 무기력했다. 현재 노조는 전략을 바꾸었다. 교육·훈련 강화를 통해 노동자들이 4차산업 혁명의 물결을 함께 탈 수 있도록 노력하고 있다.

노조의 협력을 이끌어낸 기타큐슈

일본 기타큐슈의 사례를 살펴보자. 기타큐슈는 일본 후쿠오카현 북부에 위치한 도시로 규슈 내에서 후쿠오카시에 이어 두 번째로 인구가 많은 도시로 93만 명(2021년 기준)에 이른다. 일본 내 유수의 공업도시로 이름 높은 곳이다. 1901년, 국가에서 운영하는 야하타제철소의 설립을 시작으로 후쿠오카 내륙에 위치한 치쿠호 탄전의 풍부한 석탄을 중심으로 군수공업이나 제철, 화학 등 중화학공업이 발달하였다. 1970년대 두 차례의 석유위기를 겪으면서 시작된 일본 산업구조전환 움직임은 기타큐슈 철강산업 재구조화의 배경이 되었다. 포스코의 추격으로 일본 철강산업이 경쟁력을 잃어가면서 신일본제철은 철강사업 부문을 슬림화하기 시작했다. 제철노동자 수는 1987년 2만558명에서 1988년 1만2,754명으로 줄었다. 1988년 12월 토바타 4호 고로 1기가 폐쇄되면서 1993년 야하타제철소 노동자 수는 9,759명으로 줄었다. 신일본제철은 기타큐슈로부터 철강자본을 철수하면서 엔지니어링이나 신소재 부문의 인력을 기술과 인력이 집적되어 있는 관동지역의 치바와 후츠로 옮겼다. 이에 따라 설비기술본부 700명, 제3기술연구소 인력 500명이 빠져나갔다. 그러나 신일본제철은 정규노동력의 해고라는 성역을 가급적 건드리지 않으면서 노조의 협력을 받을 수 있었다. 노조는 회사의 구조조정 자체를 정면에서 부정하지 못하고 중·고령노동자를 희생시키면서 중심 노동력의 고용안정을 유지하는 타협적 방식을 택한다.

지방정부인 기타큐슈시는 1988년 '수변, 녹(綠) 그리고 만남의 국제기술도시'를 만든다는 전략으로 '기타큐슈 르네상스 구상'을 수립하고 지역 쇠퇴에 대한 대응체계를 구축하였다. 이를 위해 행정, 산업계, 대학, 시민 등 민관부문의 연합기구인 '기타큐슈활성화협의회'를 설립하였다. 피츠버그의 '앨리게니 회의'를 모델로 한 것이다. 이 조직은 민간조직의 형태를 띠고 있지만 행정과 기업 주도적 성격이 강하다. 여기에서 특기할만한 사항은 제철소 부지를 가지고 있던 신일본제철이 직접 참여했다는 것이다. 1990년대 들어 기타큐슈 르네상스의 방향은 환경과 리사이클산업을 키워드로 하는 '환경산업도시' 건설로 구체화된다. 신일본제철은 1백20만㎡(36만 평)의 제철소 부지를 활용하여 '야하타 히가시다 종합개발사업'과 '기타큐슈 에코타운 사업'을 진행하였다. 야히타제철소는 폐플라스틱 재활용 설비를 도입해 가동 중에 있기도 하다. 기타큐슈는 에코타운사업을 통해 일본 최대규모의 리사이클이 관련 기업을 입주시키고 연구개발에서 사업까지 일관된 사업을 추진하고 있다. 지역대학도 환경 분야의 학술연구와 실증연구를 활용해 사업모델을 만드는 데 일조하

고 있다.[5]

야하타 히가시다 개발사업으로 제철소 유휴 부지를 활용하여 1990년 테마파크 '스페이스 월드'를 개장하기도 했으나 노후화와 경영부진으로 2017년 폐관하였다. 스페이스월드는 후쿠오카 현과 지역은행의 출자로 만들어졌다. 그 외에 제철소 유휴지에 이온몰 야하타히가시, 기타큐슈 이노치노타비 박물관, 기타큐슈시 환경뮤지엄, 인베이션 겔러리, 제철기념 야하타병원이 들어서 있다.

기업도시의 위기 대응 전략

기업도시의 주요 이해집단들은 다양한 자원을 활용해서 도시 위기에 따른 비용을 줄이면서 위기 대처 과정에서 수혜를 늘리려는 전략을 편다. 일반적으로 위기 대응 방향과 대상을 기준으로 네 가지 유형전략으로 구분할 수 있다.

먼저 현지화 전략이다. 지역사회 내부의 토착 자원을 활용하여 주민주도의 내생적 지역 재활을 모색하는 방안이다. 기존의 의류 제조업 전통에 대학의 문화·디자인 인력을 결합시켜 소비재 디자인으로 도시 발전을 꾀한 미국 클리블랜드가 대표적이다.

두 번째 재산업화 전략이다. 기업도시의 기존 산업구조를 발전의 토대로 삼아 대기업의 경영 합리화, 신기술 도입 및 개발 등으로 도시의 새로운 도약을 꾀하는 방식이다. 철강도시로서의 재성장을 추진하는 캐나다의 해밀턴, 철강노조가 노동자 연금을 담보로 제철소를 인수해서 운영하는 대안을 모색한 미국의 워턴 등을 들 수 있다.

세 번째 탈산업화 전략이다. 첨단산업 유치와 같은 새로운 발전 동력을 발굴해서 지역사회의 산업구조를 전면 개조하고 도시의 변신을 도모하는 방식이다. 피츠버그가 좋은 사례이다.

마지막으로 단장·미화(facelift, make-up)전략이다. 도시경관 및 인프라의 개선을 통해 이미지를 쇄신함으로써 외지 수요 및 자본투자를 유치하는 방안이다. 관광·레저산업 육성, 대기업 본사 유치가 그 방법이다. 도심 재개발과 문화·예술분야 지원을 통해 '유럽의 문화 수도'로 거듭난 영국의 글래스고, 도시 이미지 변신에 성공한 뉴욕주 시러큐스 등이 대표적이다.[6]

앞 장에서 사례로 든 셰필드와 빌바오는 탈산업화 전략과 단장·미화 전략을 함께 구사하였다. 기타큐슈는 재산업화 전략에 가까워 보인다. 피츠버그는 탈산업화 전략을 가장 성공적으로 구사하였다. 특히 대학과의 협력은 인상적이다. 그것보다 제일 특징적인 것은 모든 도시가 강력한 거버넌스인 민관합의체를 구성했다는 것이다. 협의체에서 목표와 전략, 재원조달, 시행 방법을 현실감 있게 진행시켜 나갔다. 거버넌스의 구성방식과 운영방식은 국가의 특색과 시민의 성향에 따라 달랐다. 피츠버그는 오랜 역사의 민관협력체인 '앨리게니 회의'의 존재가 단연 돋보인다. 기타큐슈의 경우 노사협력을 통한 사회적 연대를 바탕으로 위기 탈출의 기반을 마련한 것이 특징적이다. 그리고 야하타제철소는 부분적으로 폐쇄되었다.

그럼 포항은? 포항은 2000년대 이후부터 선진 기업도시의 위기와 대응을 교훈 삼아 도시 재활의 가능성을 다양하게 모색해왔다. 그러나 위기대응체제 구축에는 공감대가 형성되었지만 손에 잡히는 재활의 가능성을 제시하지는 못했다. 포항에서는 산·학·관이 각자도생하는 과정에서 조직적인 위기 대응에 어려움을 겪고 있다. 포스코는 기업 차원의 위기에 단독으로 대처하는 전략을 비교적 성공적으로 수행하고 있다. 포스코의 입장에서 포항의 도시 위기는 우선순위가 아니다. 그렇다고 포항시, 지방정부가 포스코와 포스텍의 지속적인 참여를 이끌어냈느냐. 아쉽게도 그런 정치적인 역량을 발휘하지 못했다. 아직도 늦지 않았다. 상대적으로 풍부한 물적, 인적 자산을 보유한 포항시는 '강력한 연대'를 현실화시켜야 한다. 이제 그 주체가 포항시가 되어야 함은 말할 것도 없다.

3

기업도시 포항의 위기와
지역사회의 대응전략

지곡단지 안에는 포스코 효자아트홀이 있다. 1980년에 개관한 이 다목적 공연장은 연중 영화, 공연, 행사로 바쁘게 돌아갔다. 아트홀은 731석 규모로 포항에서 세 손가락 안에 드는 규모를 자랑하고 있다. 요즘은 코로나 때문에 닫혀 있다. 코로나 전에는 시중에 개봉한 영화를 한 달 정도 이후에는 큰 스크린을 통해서 '무료'로 볼 수 있었다. 아트홀의 공짜표는 좌석이 여유가 있어서 포스코나 관련 지곡단지 주민이 아니더라도 수소문하면 구할 수 있어 일반 포항시민들에게 인기가 있었다. 그러나 시내 극장들 입장에서는 골치 아픈 경쟁자였음에 분명하다.

포스코 중심의 서열이 분명했던 포항

포항이 포스코의 설립으로 성장한 우리나라의 대표적인 기업도시라는 점은 부인할 수 없다. 포항 경제의 원동력은 단연 포스코이다. 한편으로는 독점자본의 지역지배가 관철되는 도시라는 비판도 피해 갈 수 없다. 포항은 외생적 기업도시의 전형적인 모습을 띠고 있다.

박 회장은 포스코를 설립할 때부터 회사의 입지와 성장 중심으로 모든 것을 결정하였다. 그의 독특한 주거관, 복지관에 따라 회사 설립과 동시에 사원들을 위한 주택과 학교시설을 동시에 지었다. 우수한 인력의 유치와 이직 예방을 위해서는 그만한 대책도 없었다. 이런 이유로 포항의 효자와 지곡단지에는 세계적 수준의 주거단지와 교육, 복지시설이 들어섰다. 효자아트홀도 그 일환으로 조성된 것이다. 그런데 이런 인프라들이 포항 일반시민과는 무관했다는 것이다. 비록 포항이 포스코에 의해 기업도시로 변모했지만 기업과 도시 사이의 유기적 동화나 협력은 없었다. 오히려 포항과 포스코 간에는 괴리감이나 적대감이 생겨났다. 여기서 파생된 것이 빗장도시(gated city) 혹은 분단도시(divided city) 문제이다. 형산강을 기준으로 포항이 포스코와 비포스코 지역으로 철저히 나뉘고 '포철인 대 포항인'의 대립구도가 생겨났다. 효자와 지곡단지는 봉쇄형 공동체가 되어 '특별시'로 불리기도 했다.[7]

이런 빗장도시의 형성이 포스코가 포항을 의도적으로 무시하거나 배제하려는 발상 때문에 일어난 것은 아닐 것이다. 태생적으로 포스코는 향토기업이라기보다는 국책사업으로 진행된 '국민기업'이었다. 지역의 발전보다는 기업의 성장이 더 절실한 과제였던 것이다.

산업특성상 철강산업은 기본적으로 배후도시의 지역경제와 연관이 약한 편이다. 내수중심의 소비재 산업이 아니기 때문이다. 게다가 박 회장은 포항이 비록 공업도시이긴 하지만 전형적인 노동자 도시가 아니라 자본집약적 내지 기술집약적 중산층 도시 혹은 엘리트 도시를 만들고자 했다. 이후에 설립된 포스텍이 그런 시도의 일환일 것이다. 초기 박 회장 시절의 이런 목적에 따라 포스코를 따라 유입된 외지엘리트층은 포항의 경제 지배엘리트로 부상하고 실질적으로 포항을 지배했었다. 포스코 출신은 지역사회에 대체적으로 무관심했고 토착엘리트들은 포스코 경제에 순응하면서 배제되었다.[8]

포스코는 초기 일본의 철강 대기업들로부터 생산방식에서부터 노사관리 및 기업 운영기법까지 많은 것을 전수받았다. 그런데 당시 박 회장을 비롯한 포스코 경영진이 지역주민을 끌어안으며 기업을 지역사회와 일체화시키는 일본의 '현지화 전략'을 배워오지 못한 것은 안타까운 대목이다.

포항의 외생적 기업도시 시대는 1990년대 말이 되면서 끝이 난다. 우선 포스코가 또 다른 제철소를 광양에 성공적으로 안착시키고 철강단일산업에서 건설, 신소재 부문으로 확장하면서 사업을 글로벌화 시킨다. 그룹 매출에서 포항제철소 비중은 24% 수준으로 줄어들었다. 포항지역에서의 적극적인 개입도 줄어든다. 박 회장이 물러나면서 그 이후의 포스코 리더들은 그렇게 지역발전에 관심을 두지 않는다. 이런 이유 등으로 지곡단지의 봉쇄정책(?)도 풀린다. 이제는 모든 포항시민이 자유로운 매매거래에 따라 지곡단지에 거주할 수 있다. 요즘은 지곡단지 시설관리 비용을 포항시에 넘긴다는 소문도 있다. 2010년대 이후에는 지곡단지도 포스코의 구조조정 대상에 들어 단지 내 유휴지를 매각하고 있다.

위기에 대한 공감이 협력의 바탕

그러나 포항시의 상황은 훨씬 급하다. 인구는 50만 언저리에서 정체상태이고 비록 포항제철소가 명맥을 유지하고 있다고는 하지만 더 이상 성장하지 않는다. 주변의 철강관리공단의 업체들은 쇠퇴하는 모습이 역력하다. 그렇다고 신성장산업으로 추진 중인 산업들이 아직 자리를 잡지 못하고 있다. 위기에 대한 경고음이 울린 지 오래지만 갈피를 못 잡고 있다.

성장시기의 도시정치와 위기시기의 도시정치는 다른 특징을 가지고 있다. 성장시기에는 성장에 대한 공감대가 중요하지만 위기시기에는 위기의식의 공유가 중요하다. 갈등하는 지점은 성장시기에는 개발수익의 창출과 배분에서 발생하고 위기시에는 쇠락·재활 비용을 분담하는 과정에서 발생한다.[9] 기업도시의 위기는 먼저 위기의 정도에 따라 저강도 위기와 고강도 위기로 나눌 수 있다. 고강도 위기(high-level crisis)는 기업도시의 여러 차원에서 복합적으로 위기가 이미 진행 중인 상태를 말한다. 저강도 위기(low-level crisis)는 아직 위기가 전면화되지 않은 채 기업과 도시의 일상적인 활동에 장애를 일으키는 징후가 나타나는 상태를 가리킨다.

그럼 포항의 현재 위기상황은 어떠한가. 포항의 위기는 직접적이고 전면적인 고강도의 도시 위기 상황은 아니라고 본다. 기업과 지역사회 모두 성장의 지체 또는 정체상태에 처한 저강도 위기 상황이라고 할 수 있다. 1990년대 중반 이후부터 시작된 포항테크노파크 조성이 이 위기에 대한 대응책이었다. 어쩌면 위기의 정치와 성장의 정치가 서로 공존하고 있었다.

사실 이런 상황이 좀 애매하다. 위기이기는 하지만 저강도 위기이고 지역사회의 경제주체별로 느끼는 위기의 수준이 다르다면 협력하고 공감하는 부분이 떨어진다. 이런 상태에서는 제대로 된 목소리를 규합하여 체계적인 대응 전략을 세울 수 없다. 어쩌면 이게 더 큰 위기일지도 모른다. 백가쟁명, 자중지란은 위기 대응에서 가장 경계해야 할 부분이다.

결국 포항에서 도시 재활의 위기대응에 주도적으로 나설 세력은 포스코와 포항시청, 시의회로 정리된다. 민주화 이후 시민사회단체들도 제 목소리를 내기도 하였으나 내부균열로 역량을 결집시키지 못했다. 지방선거를 몇 번 치르면서 시민들의 의견은 선출직 시의회로 수렴되었다. 포항시의 사회세력들 간의 복잡한 이합집산과 갈등은 사전에 정리되어 도시 재활과 위기 대응이 신속하고 기민하게 전개될 여건은 마련된 것이다.

먼저 포스코의 위기대응에 대해서 살펴보자. 포스코는 기업도시의 위기 징후가 드러난 1990년대 중반부터, 지역사회 탈출과 같은 위기 회피 방안으로부터 제조업 강화와 같은 강력한 성장드라이브 방안까지 다양한 대안을 모색해왔다. 그러나 그 다양성 속에서도 지역사회 내 사회세력과의 연대나 협력 없이 독자적인 성장노선을 취해왔다. 여러가지 성장 실험을 거쳐 최종적으로 철강을 중심으로 한 제조업 강화 전략으로 귀결하는 모습을 보여주었다. 이런 제조업 강화 방침의 '성장의 정치'가 포스코 입장에서는 성공한 듯 보인다. 철저히 포스코 회사의 지속성에만 초점을 맞춘 위기 대응방식이다.

그러나 포항의 입장에서는 여전히 불만족스럽다. 포항제철소는 4차산업 혁명시대의 첨단 제철소가 되었지만 철강공단의 업체는 황폐하다. '순망치한(脣亡齒寒)'이라고 했던가. 포항제철소를 둘러싸고 있는 철강산업 생태계의 전체 경쟁력을 훼손해서는 포스코도 오래 가지 못한다. 나는 종종 포스코 출신들에게 포항제철소가 얼마나 갈 수 있을지 물어본다. 어느 포스코 부장 출신의 OB는 20년은 갈 것이라고 장담했다. 동의한다 하더라도 주변의 부정적인 면이 목격된다. 구조조정기의 포스코는 협력 납품업체들의 일감과 설비투자를 극단적으로 줄인다. 지금의 포스코 경영층은 어쩌면 포항제철소 근무 경험이 일천할 수 있다. 포항의 사정을 알지 못하고 관심 밖일 수 있다. 지역관련성이 계속 떨어지고 있다. 그러나 잊지 말아야 할 것이 있다. 아직 3만 명의 포스코 관련 노동자가 포항에 거주하고 있고 과거 포스코에 근무했던 OB들의 상당수가 포항에 뿌리를 두고 포항에 살고 있다. 포항시민 중에서 포스코와 직·간접적으로 관계를 맺고 있는 시민은 포항시민의 3분의 1이 넘을 것이다. 포스코는 여전히 포항의 주체임을 잊지 말아야 할 것이다.

협력적 기업도시로의 변신

기업도시 포항의 위기 징후에 보다 민감했던 포항시는 정치력을 발휘해서 포항시의 여러 사회세력들과 연대해서 위기 대응 체제 구축에 나섰다. 포항시는 첨단산업을 도시 발전의 새로운 동력으로 삼는 '탈산업화' 노선을 위기대응전략으로 설정했다. 이 같은 전략을 바탕으로 1990년대 말 포항테크노파크 조성에 나섬으로써 첨단산업 도시로의 변신을 꾀하였다. 그러나 포스코는 비용 분담에 소극적이었으며 포스텍은 수동적인 자세로 일관하였다. 포항시의 독주는 위기대응체제의 내부균열로 포항테크노파크 2단지(포항테크노밸리)는 실패로 돌아갔다. 총체적으로 보았을 때 도시 위기의 대응 과정을 거치면서 포항은 기업도시라는 도시정치의 틀을 유지하고는 있다. 그러나 도시 위기는 해소되지 못한 채 계속 진행 중에 있다.

포항은 변방의 산업도시로서는 드물게 포스코, 포스텍 등과 같이 상대적으로 풍부한 인적, 물적 자원을 보유하고 있다. 그러나 저강도 위기상황에서 도시 재활의 가능성을 제시하지 못했다. 사회적 연대와 협력에 기반한 지속 가능한 위기대응체제 구축에 실패했기 때문이다. 앞의 사례에서 보듯이 미국의 피츠버그는 민관협력 구축을 통해서, 일본의 기타큐슈는 노사협력의 사회연대를 통해서 위기를 돌파하였다. 포항에서는 산·학·관이 각자 도생하는 과정에서 공감과 협력을 이끌어내지 못하고 있다.[10]

포항이 외생적 기업도시에서 협력적 기업도시로 거듭나기 위해서는 산·학·관과 시민사회, 나아가서는 노조까지 포함하는 도시성장 연합의 형성과 지지가 필요하다. 이런 포항의 시도는 기업도시가 한국사회를 다시 성장시킬 수 있다는 전망에 중요한 이정표가 될 수 있을 것이다. 이제는 외국의 피츠버그나 기타큐슈를 벤치마킹 대상으로 삼지 않고 포항에서 그 대안을 찾아볼 수 있도록 모든 역량을 집중해야 할 때이다.

태풍 힌남노로 타격을 입은 포스코와 포항시는 이제 명백한 고강도 위기에 직면해 있다. 포항은 위기에 강한 유전자를 가지고 있다. 포스코는 물론 철강공단, 포항시민이 연대 협력하여 이 위기상황을 슬기롭게 극복해야 할 것이다.

4

포스코와 지역발전

포스코에 때아닌 국민기업 논쟁이 벌어졌다. 황경로(92세) 포스코 2대 회장을 비롯한 포스코 창립 맴버 6명은 2022년 5월 성명서를 통해 "최근 각종 언론을 통해 현 포스코 경영진이 갑자기 '더 이상 포스코는 국민기업이 아니다'라는 요지의 '포스코 정체성'을 부정하는 글을 배포했다"고 비판했다. 창립 요원들은 "민족기업, 국민기업이라는 수식어는 포스코가 민영화되었다고 없어지지는 않는다"며 "포스코 정체성을 훼손하는 현 경영진의 진정한 자성을 촉구한다"고 성명서에서 강력하게 경영진을 성토했다.[11] 이 논란의 발단은 포스코그룹 지주회사인 포스코홀딩스가 4월 초 사내메일을 통해 "포스코그룹이 국민기업이라는 주장은 현실과 맞지 않으며 미래 발전을 위해서도 극복해야 할 프레임"이라고 밝히면서 촉발되었다. '제철보국'의 신념으로 살아오신 포스코 원로들의 섭섭함이 드러나지만 연초에 벌어졌던 지주회사 본사 이전의 여파로 보이는 대목이다.

여전한 포항제철소의 지역경제 비중

포항의 미래는 포항의 경제상황에 따라 가늠될 수 있다. 포항경제에서 가장 큰 비중을 차지하는 것은 포스코 포항제철소와 포항에 생산시설을 갖추고 있는 계열사들이다. 포스코는 2021년 사상 최대의 실적을 기록했다. 코로나19가 지속되는 상황에서 각국의 적극적인 경기부양 정책으로 제조업과 교역 부문이 빠르게 개선되면서 실적이 폭발했다. 포스코 매출액은 39.9조 원에 영업이익 6.6조 원으로 영업이익률이 무려 16.6%에 달했다. 2020년 코로나19 영향으로 매출액이 26조 원까지 떨어졌으나 50% 이상 매출이 성장했다. 영업이익은 486%나 증가했다. 그룹 전체 매출액도 76조3,000억 원을 기록하였으며 영업이익은 9조2,000억 원을 달성하였다. 창사 이래 최대 실적이다. 수급 불균형과 철강재 가격 인상이 수익성을 끌어올렸다. 포스코 내 현금성 자산은 20조 원을 상회한다. 그만큼 실탄을 확보했다는 뜻이다. 이런 실적을 바탕으로 포스코그룹은 국내 대기업 순위 6위에 올랐다. 자산이 96조에 달한다.

포항경제는 포항제철소와 직결되어 있다. 포스코 실적이 좋아지면서 작년부터 납품 협력업체와 외주 파트너사의 숨통이 조금씩 트였다. 미루어 두었던 설비투자도 늘어가고 있다. 사실 최 회장 취임 후에도 포스코는 혹독한 재무구조조정을 거쳤다. 제철소 현장은 물론 지곡단지 내 포스코교육재단의 학교들마저도 구조조정을 했다. 공립화 논의가 구체적으로 논의되기도 해서 주민들로부터 비난을 들었다. 줄일 수 있는 것은 다 줄였다고 보는 것이 맞다. 때문에 제철소는 몇 년간 어려움 없이 운영될 것이다. 너무 줄이다 보니 설비투자를 진행할 건설노동자들마저 다른 곳으로 빠져나가버려 인력난을 겪고 있다는 소리도 들린다. 그러나 협력사나 철강공단 업체들이 좋아진 시기에 적극적인 투자를 진행하는 것에는 조심스럽다. 성장이 멈춘 철강업의 사정을 잘 아는 형편에서 그런 위험을 감수할 업체는 많지 않다.

포스코 전체 직원은 2021년 기준으로 1만8,247명이고 제철소 외주사 직원은 1만9,157명이다. 포항·광양제철소 현장 전체 직원은 3만7,404명이다. 포항제철소 직원은 생산을 포함 8,000명, 외주사 8,000명을 합할 경우 1만6,000명 수준에 이를 것으로 추정된다. 이 근로자의 고용이 안정되어 있으니 철강공단과 포항경제의 기본 버팀목은 유지되고 있다고 판단된다. 다만 외주사의 급여 수준은 포스코에 비해 계속 떨어지고 있다. 70% 급여 수준을 유지하고 있다고는 하지만 대우수준은 계속 낮아지고 있다. 양극화가 여기에서도 일어나고 있는 것이다.

포항제철소의 경쟁력은 세계에서 손꼽히는 수준이다. 포항제철소는 다품종 소량생산 위주여서 자동차강판에 주력하는 광양에 비해 철강경기 침체에 다양하게 대응할 수 있는 장점이 있다. 때로는 시설이 노후하여 생산성이 나지 않고 부지가 비좁아 성장에 한계가 있다는 지적을 받기도 하지만 아직까지 걱정할 수준은 아닌 것이다.

포스코 실적 추이

단위 : 억원, %

구 분	과 목	2021년	2020년	2019년
포스코	매출액	399,202	265,099	303,735
	영업이익	66,496	11,351	25,863
	영업이익률	16.6	4.2	8.5
포스코 그룹	매출액	763,323	577,927	643,668
	영업이익	92,380	24,030	38,688
	영업이익률	12.1	4.1	6

자료 : 포스코 감사보고서

2021년에는 포항제철소의 이익률이 광양보다 높았다. 부지의 협소는 물류센터를 독점 물류업체에 위탁하여 철강공단의 유휴부지로 확장하는 방식으로 대처하고 있다.

지역업체 대표는 포스코의 경쟁력을 이렇게 표현했다. "주인 없는 회사를 정권이 그렇게 헤집어놓아도 아직 멀쩡한 걸 보면 포스코의 내공이 대단하다"고 칭찬인지 욕인지 모를 이야기를 했다. 물론 약점도 눈에 들어온다. 제일 우려스러운 것은 경영권 승계의 불안정성이다. 포스코는 회사 고유의 지배구조의 독립성과 투명성을 확보하기 위하여 사외이사제를 선도적으로 도입하여 운영하고 있다. 그러나 견고하게 마련되었다고 생각했던 시스템도 정권이 바뀌면 번번이 무력화되었다. 이런 시도들은 포스코의 경쟁력을 훼손시키기 때문에 반드시 근절되어야 한다. 이미 글로벌 기업이 된 포스코에서

'외압설'은 해외 파트너사와 주주들로부터 즉시 외면받는다.

포스코 경영진들도 이런 일들을 겪으면서 수동적이고 관료화되었다. 포스코와 오랜 거래관계를 유지해온 협력업체 대표는 "포스코나 포스코 계열사 경영진들을 믿을 수 없다. 특히 중요한 의사결정은 항상 미룬다. 본인 임기 중에 어려운 일을 처리하지 않는다. 책임지려 하지 않기 때문이다"고 푸념했다. 아픈 지적이다.

윤석열 정부가 들어서면서 국내 대기업들이 일제히 투자와 고용 충원 계획을 발표했다. 향후 5년 동안 삼성 450조 원, 현대차 국내 63조 원, SK 247조 원, LG 106조 원, 롯데 37조 원 등이다. SK는 반도체 중심으로 국내에만 179조 원을 국내에 투자하겠다고 한다. 포스코도 투자계획을 발표했다. 국내 33조 원을 포함해서 5년 동안 53조 원을 투자하겠다고 한다. 철강사업에만 20조 원을 투자하고 약 2만5,000명을 고용하겠다고 밝혔다. 공수표가 될지도 모를 투자 계획이지만 포스코에 기대고 있는 포항의 입장에서는 반가운 소식이기도 하다. 투자가 포항에 일어날 수 있도록 사안별로 대응할 필요가 있어 보인다. 특히 고용은 어디서 발생시키겠다는 것인지 선제적으로 대응해야 할 것이다.

포항과 포스코는 상생 협력 공동체

지난 55년 포스코는 지역과 함께 발전해왔다. 다만 지금까지는 낙수효과에 기대어 왔다. 포스코의 발전이 선행되어야 지역발전이 가능하다는 생각이었다. 이제는 변화된 상황과 그동안 축적된 지역 역량을 융합한 새로운 발전모델이 필요하다. 포스코는 최 회장 취임 후 이것을 '기업시민'으로 개념화했다. 포스코 같은 확고한 조직문화를 가진 기업에서 기업가치가 되건 비전이 되건 조직원들을 일체화시킬 수 있는 철학이 필요한 것은 사실이다. '기업시민' 전파에 적극적인 송호근 전 포스텍 석좌교수는 "급속한 세계화로 시민의 사회경제적 권리가 훼손될 위험에 처한 오늘날 글로벌 기업은 정부를 대신하여 공동체와 함께하는 '기업시민'이 되어야 한다"며 "오래전부터 사회공헌활동을 내면화해 온 포스코를 대표적 사례"라고 부연한다. 그는 포스코 사례를 설명하면서 "기업이 흔히 실행하는 기부활동이나 봉사활동 같은 소극적 차원을 넘어 기업 스스로 사회적 책무와 개척하고 실천하는 조직행위자가 되어야 한다. 기업이 공동체적 책임정신을 발휘할 수 있도록 시민사회도 그 조건을 만들어주어야 한다"고 역설했다.[12]

포스코 지주회사 파동을 겪으면서 포항시민도 포스코의 입장을 이해할 수 있었다. 포스코도 포항시민들의 안타까움을 느낄 수 있었을 것이다. 포항시민 중에서 퇴직해서 포항에 정착하신 분들이 많다. 아마 포항시민의 3분의 1은 포스코와 인연을 맺었던 분들일 것이다. 포스코와 포항은 운명공동체이다. 구체적으로 포스코가 중소기업의 생산성을 높이는 일을 직접 돕는 상생프로그램을 운영하거나 재단을 만들어 직업훈련, 기술전수, 재교육과 재훈련은 물론 맞춤형 잡 매칭을 진행하는 것도 가능하다. 문화재단, 사회공헌재단은 이미 시행하고 있는 사업이기도 하다. 이제는 포항과 포스코는 상생의 협력공동체라는 사실을 깨닫고 터놓고 고민해야 할 때이다.

코로나19가 마지막 피치를 올리던 2022년 3~4월, 전국에서 40~50만 명의 확진자가 발생하면서 포항도 비상이 걸렸다. 4,000~5,000명의 확진자가 발생했기 때문이다. 포스코 계열사 임원으로 재직하는 선배는 "요즘 MZ세대 직원들은 참 이기적이다. 코로나에 걸려서 노골적으로 일주일 쉬기를 원한다"며 "회사가 어떻게 돌아가는 것에는 관심이 없다"고 푸념했다. 창업세대가 아무리 '제철보국'을 외쳐도 미래세대에게는 설득력이 떨어진다. 그들에게 다가갈 매력적인 새로운 방식이 필요한 것이다. 그들을 설득하는 비전으로 '기업시민'이 어울리는지는 아직 모르겠다. 그렇지만 포스코가 아무리 첨단화된다 해도 철강업을 유지하는 한, 제철소가 없어지지는 않을 것이다. 포스코는 아직 회사가 여유를 가지고 있을 때, 55년 동안 시민과 피땀으로 함께 일군 포항을 잘 활용했으면 하는 바람이다. 포항시민은 언제나 포스코를 사랑하니까!

5

포항철강공단 업체의 여러 선택지

2003년쯤으로 기억된다. 경주의 자동차 부품업체인 P산업에 근무하던 포스텍 출신 과장이 테크노파크를 찾아왔다. P산업 박 대표가 신사업에 관심이 있는데 본인에게 임무를 부여하여 여기까지 왔다고 했다. 테크노파크에서는 이제 시작해서 투자유치를 원하고 있던 몇 군데 업체를 소개했다. 일이 되려고 했던지 경주 업체는 포스텍 박사출신이 창업한 센서개발 벤처기업인 M센서에 꽂혀서 투자를 결정하게 된다. 테크노파크도 자금을 투입하여 청정실(clean room)을 짓는 등 투자에 일조하였다. P산업은 30억 원 이상을 투자하였고 대표의 아들까지 이 사업에 투입하는 열의를 보였다. P산업이 투자하게 된 경위가 궁금해서 물어보았다. 박 대표가 울산 중소기업 모임에 가니 친하게 지내던 조선 부품업체 대표가 반도체 관련한 부품을 대학과 같이 개발하고 있었다. 성과가 나고 있다는 자랑을 듣고 본인도 M센서에 투자하게 되었다고 전했다.

그러나 이 투자는 실패로 돌아갔다. 4년 정도 지나보니 처음 개발하려고 했던 센서는 이미 외국에서 출시되었다. 나는 장비와 공동투자에 대한 잔여업무를 처리하기 위해 P산업을 찾아 박 대표의 아들과 마주 앉았다. 그동안 몇 번 보았을 때와는 태도가 많이 달라져 있었다. 아들은 테크노파크가 이런 업체를 소개해 주어서 회사가 많은 손실을 보았다는 투로 이야기했다. 사실 좀 섭섭했다. 우리도 손해보기는 마찬가지인데…. 아무튼 힘든 과정 끝에 회사는 청산되었다. 그렇게 마련된 청정실은 지금은 입주기업인 지멘스에서 잘 활용해서 쓰고 있다. M센서를 창업하였던 포스텍 출신들은 뿔뿔이 흩어졌다. P산업의 포스텍 출신 과장도 책임을 지고 회사를 그만두었고 지금은 유명한 번역가로 활동하고 있다. 가슴 한 켠에 기록된 안타까운 실패스토리이다.

초라한 철강관리공단의 현실

이제 포항경제의 다른 한 축인 포항철강산업단지와 업체에 대해서 이야기해보자. 포항철강산단에는 2021년 현재 361개 업체가 입주해 있으며 고용근로자는 1만3,733명에 이른다. 생산액은 14조 6,000억 원으로 몇 년간의 침체(11조 원 수준)에서 벗어났다. 코로나19로 인한 반등이 컸다. 한편에서는 철강업계 종사 20년 만에 가장많이 벌었다는 소리도 들린다. 그렇지만 여전히 현대제철, 세아제강, 포스코 강판 등 대기업 중심으로 생산이 늘어났으며 고용은 여전히 줄고 있다. 십 년 전만 해도 포항철강산단은 17조7,000억 원의 생산 액과 1만6,322명의 고용인원을 유지하고 있었다. 생산액과 고용인 원은 하향곡선을 그리고 있다. 전국 산업단지 중에서 가장 청년층 인 력비중이 낮은 노후한 공단의 불명예를 안고 있는 곳이기도 하다.

유가증권과 코스닥 시장에 상장된 포항지역 업체를 살펴보면 현 재 지역경제의 사정을 적나라하게 알 수 있다. 2021년 기준으로 국 내 코스피에 상장된 업체는 824개인데 포항에서 상장된 업체는 포 스코를 포함하여 10개 업체이다. 코스닥의 경우 전체 1,532개 업체 중에서 경북지역이 40개 업체인데 이 중에서 포항업체는 단 7개뿐

포항소재 코스피 / 코스닥 상장 업체 현황

코스피 상장 업체		코스닥 상장 업체	
업 체 명	상장일	업 체 명	상장일
포스코	1988.06.10	포스코ICT	2000.11.28
포스코강판	2002.08.16	포스코엠텍	1997.11.10
포스코케미칼	2019.11.13	삼일	1997.03.15
CS홀딩스	1975.12.22	동국S&C	2009.08.31
TCC스틸	1984.12.21	시노펙스	1995.04.20
동일산업	2005.06.30	제일테크노스	2000.01.11
삼원강재	2011.07.22	유에스티	2017.04.06
세아특수강	2011.06.01		
제일연마공업	2005.12.09		
조선선재	2010.02.19		

자료 : 한국거래소

이다. 이 중에서 포스코ICT와 포스코엠텍이 포함되어 있으니 실제 지역 중소기업은 5개밖에 되지 않는다. 세상은 달리고 있는데 안주하고 있었던 것이다. 이게 포항지역 업체의 냉정한 현실이다.

지역업체, 혁신만이 살길이다

철강공단업체의 사례를 통해서 돌파구를 생각해 보자. 먼저 동국 S&C(대표 이동진)가 먼저 떠오른다. 이 업체는 동국제강의 방계회사 였던 동국산업에서 업종 분할하여 설립된 계열회사로서 건설, 철구조물, 풍력타워제작 전문기업이다. 건설은 1969년 설립이래 해외건설, 플랜트, 주택, 토목공사에 다양한 실적을 보유하고 있었다. 철구조물 부문은 자동화 부문의 설비를 갖추고 AISC, AWE 등 세계적으로 인증된 품질을 갖추고 연간 6만 톤 이상의 철구조물을 생산하고 있다. 매출액은 2021년 기준으로 1,343억 원으로 코로나19 영향으로 다소 줄었다. 그전에는 1,600~1,700억 원 수준을 오르내렸다.

이 업체의 성장스토리는 시사하는 바가 크다. 2001년 동국산업에서 물적 분할될 때는 안타깝게도 구조조정 차원이었다. 수익성이 떨어지던 철구조물과 건설부문을 떼어내는 작업이었다. 그런데 여기서 반전이 일어났다. 생존을 위해 신사업을 고민하던 임직원들이 회사가 가지고 있는 장점으로 할 수 있는 일을 적극적으로 탐색하기 시작했다. 임직원들은 몇 달간의 고민 끝에 새로운 사업을 찾았다. 1990년대 말부터 산업이 성장하고 있던 풍력발전사업 중에서 윈드타워가 걸려든 것이다. 포스코에서 생산되는 철을 가지고 풍력타워를 조립·용접하는 일은 잘할 수 있는 분야였다. 윈드타워를 미국에 수출하면서 새로운 활로가 열렸다. 그때 이후 윈드타워는 회사의 매출을 30% 이상 차지하고 있는 주요한 생산품이 되었다. 전체 풍력산업에서 동국S&C는 업체 3위를 차지할 정도로 탄탄한 위치를 점하고 있다. 이런 성과를 바탕으로 2009년 코스닥에 상장되었다. 부채비율은 24%에 불과하다. 2022년에는 영일만배후단지에 해상풍력타워 제작을 위해 공장을 인수하면서 확장을 꾀하고 있다. 지역의 특화된 역량과 기술로 신사업 분야를 적극적으로 개척한 사례이다.

다음으로 포항철강공단에 본사를 둔 유니코정밀화학(대표 송방차랑)을 살펴보자. 이 업체는 2018년 '월드 클래스 300'에 선정되었다. '월드 클래스 300'은 글로벌 성장의지와 잠재력을 갖춘 중소·중견기업을 세계시장에서 혁신성과 성장성을 갖춘 히든챔피언 기업으로 육성하는 프로젝트로 중소벤처기업부에서 선정하고 있다. 매출 400억~1조 원인 기업을 대상으로 최근 5년간 연평균 매출증가율이 15% 이상이거나 최근 3년 연구개발투자비가 연 매출의 2% 이상이 되어야 신청자격이 된다.[13]

이 업체는 1976년 포스코의 냉각수 용수처리 제품 공급업체로 출발했으며 2000년대 초반까지는 수입제품의 국산화개발을 통해 성장해왔다. 주요 고객사인 포스코로부터는 우수공급사로 인증을 받아 기술력을 인정받았다. 그런데 지속적인 성장을 위해서는 해외시장 개척이 필요하다고 판단해서 여기에 승부를 걸었다. 2016년에는 1,000만 달러 수출탑을 수상하였다. 유니코정밀화학이 해외에 수출하고 있는 제품은 유정용 강관 부식억제제로 전 세계 오일메이저 업체를 대상으로 영업하고 있다. 2021년 기준 매출액은 675억 원이고 영업이익은 58억에 이른다. 120명의 직원이 포항을 중심으로 근무하고 있다.

유니코정밀화학은 테크노파크가 문을 열었던 2003년에 연구실을 마련하고 활동했던 기억이 있다. 그만큼 대표의 연구개발 의욕이 많았던 것이다. 그 당시에는 포항테크노파크가 유니코정밀화학의 그런 역량을 신사업으로 연결시킬 능력이 없었다고 고백한다.

포항철강공단 업체들은 지금도 매출 확보와 생산에 최선의 노력을 경주하고 있다. 회색빛 공단의 큰 야드에서는 크레인 소리와 용접소리가 가득하다. 지속가능한 업체로 성장하기 위해 최선을 다하고 있는 것이다.

최근 가뭄에 단비 같은 소식이 들렸다. 2022년 4월 정부의 '산단 대개조 공모사업'에 포항철강산업단지가 선정되었다. 포항을 거점으로 경주 외동과 영천 첨단산단이 연계 산단으로 2025년까지 3년간 국비 3,105억 원 등 총 5,997억 원이 투입돼 대대적인 산업단지 대개조에 들어간다. 산단대개조 사업은 대표 거점산단과 인근의 여러 산단을 묶어 제조업 혁신을 통해 일자리를 창출하는 프로젝트이다. 포항철강산단의 경우 '그린 철강 기반의 청정 금속소재 산업 허브'를 구축해 철강산업의 탄소중립과 스마트팩토리화를 추진하게 된다.[14] 물론 세부사업을 기획하여 예산을 현실화시키기 위해서는 경상북도, 포항시, 포항테크노파크, 철강업체가 혼신의 노력을 기울여야 한다. 새로운 기회를 놓치지 않는 지혜가 필요하다.

P산업에 영감을 주었던 조선 부품업체는 현재의 덕산하이메탈이다. 덕산하이메탈은 코스닥에 상장된 대표적인 반도체 소재업체로 창업자인 이준호 회장은 울산에서 1982년 선박 도금업체인 덕산산업을 창업했다. 새로운 비즈니스를 찾던 이 회장은 울산대학교 신소재학과에서 개발하고 있던 반도체 부품 솔더볼을 공동개발하게 된다. 40여억 원을 들여 개발에 성공하여 삼성전자에 납품하였다. 이런 성과를 바탕으로 2005년 코스닥에 정식으로 상장하였다. 이 회장은 울산의 대표적인 벤처 1세대 기업인으로 불린다. 지금 덕산그룹은 전체 매출액이 5,000억 원을 바라보는 중견기업이 되었다. 단순 대기업 협력사에서 첨단 반도체 소재 업체로 극적인 피벗을 이룬 이 회장은 9개 계열사를 거느리고 있다. 2021년 이 회장은 울산 UNIST에 300억 원을 기부하였다. 사회 환원을 실천한 것이다.[15]

비슷한 결정을 내렸던 P산업의 박 대표가 떠올랐다. 무엇이 승부를 갈랐을까. "으음! 운이다. 그래 운이라고 해두자. 달리 설명할 방법이 없지 않은가!" 다만 만약 박 대표와 같은 창업가가 여러 명 있었으면 성공확률이 좀 더 높아졌을 것이라고 그저 추측만 할 뿐이다.

6

새로운 산업의 탄생과 정착, 이차전지

2014년, 딸이 8살이 되던 해에 미국 형네 집으로 휴가를 갔었다. 와이프도 미국 여행은 처음이라 미국 서부여행을 먼저 하고 형이 있는 오스틴으로 갔다. 이런저런 안부를 나누면서 공항에서 시내로 들어오는데 우리 차 앞으로 세련된 디자인의 차가 미끄러지듯이 지나갔다. 저 차가 뭐냐고 형에게 물으니, 형은 "테슬라에서 만든 전기차인데, 가격은 10만 달러 이상 한단다. 디자인이 괜찮지"라고 답했다. 내가 전기차를 처음 접하는 순간이었다. 찾아보니 그게 테슬라 모델 S로 가격은 형의 말처럼 10만 달러 이상이었다. 그리고 일론 머스크는 네바다 사막에 기가팩토리라는 이름으로 전기차 생산공장을 짓기 시작했다. 투자자금이 모자라서 파산된다고 하더니만 모든 걸 극복하고 전기자동차 시대를 열었다. 이제는 1억짜리 이상의 고급 모델이 아닌 대량생산이 가능한 보급형 모델들이 전 세계를 누비고 있고 우리나라에서도 심심치 않게 볼 수 있다. 바야흐로 전기자동차의 시대가 도래한 것이다. 현대자동차도 2021년 전기차 판매 비중이 4% 수준이었으나 2030년에는 36%로 판매 비중을 늘리겠다고 발표했다.

이차전지 소재의 메카로 부상

자동차 산업의 대혁명이 시작된 것이다. 전기차에서 가장 중요한 것은 이차전지(배터리)이다. 전체 차 가격의 30~40%를 차지하는 배터리의 성능에 산업의 성패가 좌우된다. 우리나라는 전기차 이차전지 시장에서 세계적인 경쟁력으로 시장을 선도하고 있다. LG에너지솔루션, SK이노베이션, 삼성SDI가 이차전지 메이저 생산업체로 부상하였다. 이들업체는 전 세계 자동차 메이커와 합작으로 세계 주요 거점에 경쟁적으로 이차전지 공장을 건설하고 있다.

이차전지 생산에서 또 중요한 것은 이차전지 소재 업체의 존재이다. 이차전지를 구성하는 양극재, 음극재, 전구체, 분리막을 제조하는 주요 소재 제조업체 역시 산업 밸류체인의 핵심 요소이다. 이런 산업여건에서 포항도 이차전지 소재산업의 주요 거점지역으로 부상하고 있다. 가장 큰 비중을 차지하는 양극재의 경우 유미코아, 에코프로BM, 코스모신소재 같은 업체가 주요 공급처인데 에코프로BM이 영일만배후산업단지에 대규모 일관 공장을 완공하였다.[16] 포스코케미칼은 음극재의 주요 공급처인데 포항에 음극재 공장을 보유하고 있으며 확장되는 신설 공장을 블루밸리에 준공하였다. 포스코는

포스코케미칼 음극재 공장 준공

이차전지 소재를 미래 신성장산업으로 육성한다는 명확한 비전을 가지고 인력과 자본을 집중적으로 투자하고 있다.

포항으로서는 이런 호기가 없다. 이차전지 소재 주요 기업인 에코프로그룹과 포스코케미칼의 생산거점을 확보하고 있기 때문이다. 전기차 사용 후 배터리 자원순환을 위해 GS건설은 영일만항 배후단지에 1,000억 원을 들여 공장을 짓고 있다. 블루밸리산단은 차세대 배터리 리사이클링 규제자유특구로 지정되어 업체를 집적화시키고 있다. 커다란 산업의 변곡점이 일어나는 폭풍 속에 포항이 중심에 있다는 생각이 든다.

에코프로그룹의 유치, 희망의 시작
이차전지 산업에서 무엇보다 결정적인 것은 에코프로그룹의 포항캠퍼스 구축이다. 에코프로 배터리 포항캠퍼스는 지난 2017년부터 영일만산업단지 내 33만㎡(약 10만 평) 부지에 1조7,000억 원을 투자해 배터리 양극재 전주기 시스템을 구축하는 프로젝트이다. 배터리 생산에 필요한 소재 추출부터 이차전지 핵심소재인 양극재 생산까지 가능하도록 한 곳에 집적화해 배터리 선순환 비즈니스 모델을 구축한다는 개념이다.

에코프로는 2019년 에코프로BM 제1공장 가동에 이어 2021년 10월 배터리 포항캠퍼스를 준공했다. 에코프로EM, AP, 이노베이션, CnG까지 준공해 이차전지 양극재 생산을 위한 밸류체인을 완성했다. 에코프로BM과 에코프로EM은 양극재 공장이고 에코프로AP는 양극재 부원료인 고순도 산소와 질소를 안정적으로 공급하는 공장이다. 사용 후 배터리에서 원료를 추출하는 에코프로CnG, 리튬소재 가공을 위한 에코프로 이노베이션 공장도 캠퍼스에 포진해 있다.

에코프로는 2026년까지 영일만4일반산업단지 내 13만8,000㎡(약 4만 2,000평) 부지에 5,000억 원을 추가로 투입해 연간 10만 톤 규모 전구체 등 양극소재 생산 공장을 증설한다는 계획이다. 에코프로는 세계시장에서 NCA양극재 점유율 2위, 양극재 생산량(연산 59,000톤) 국내 1위 업체이다. 포항캠퍼스는 2026년이 되면 총 2조2,000억 원이 투자돼 근무인원만 2,400여 명에 달할 것으로 기대된다.[17]

에코프로가 들어오면서 영일만산업단지는 확연하게 활기를 띠고 있다. 2004년 1월부터 조성되기 시작한 영일만산단은 1,2,3단지가

에코배터리 포항캠퍼스 준공식

에코프로 포항캠퍼스 전경

분양 완료되었고 4단지가 90% 정도의 분양이 끝났다. 실질적으로
분양이 끝난 것이다. 어려운 과정이었다. 그동안은 썰렁하기만 했었
다. 칠포해수욕장을 가기 위해 그 지역을 지나다 보면 공장 야드에
는 작업 물량들이 보이지 않아서 솔직히 걱정을 했다. 주로 철구조
물, 조선 블록 업체들이 입주해 있는데 경기침체로 힘을 쓰지 못하

고 있었다. 그런데 해외 투자업체인 이비덴그라파이트(흑연가공)가 2020년 증설을 완료했다. 포스코모빌리티솔루션은 전기자동차 구동모터코어를 이 공단에서 생산하고 있다. 마침내 에코프로 캠퍼스가 본격 가동되면서 공단이 급속도로 달라졌다. 여기를 지나다니는 시민들도 덩달아 기분이 좋아지고 있다. 뭔가 달라지고 변하고 있음을 실감하기 때문이다.

에코프로BM의 본사는 청주시 오창에 있다. 충북에 LG에너지솔루션 이차전지 공장이 있다보니 이차전지 소재 업체들이 충북 쪽에 집중되어 있었다. 수도권과 가깝기도 하고 에코프로 이동채 회장도 대전을 기반으로 사업하고 있었기 때문이다. 그런데 이 회장이 포항에 투자한 이유는 무엇일까. 유일한 끈은 포항 신광면이 이 회장의 고향이라는 사실이다. 물론 포항시 공무원들의 유치를 위한 집요한 노력도 한 몫 단단히 했다. 이 회장은 대구에서 상업고등학교를 나와 영남대를 야간으로 다니다 회계사가 되어서 안정적인 삶을 살았다. 그는 '1만 명을 먹여 살리는 기업인이 되겠다'는 생각으로 사업을 시작했다고 한다. 처음에는 환경 소재 사업을 하다가 2004년부터 양극재 연구를 같이하던 제일모직이 2006년 솔깃한 제안을 했다. 제일모직이 전구체뿐 아니라 자신들이 보유하고 있던 양극재 기술과 영업권을 인수하지 않겠느냐고 한 것이다. 이 회장은 고민 끝에 양극재 제조에 본격적으로 뛰어들기로 결단했다. '남들이 하는 것을 따라 해봤자 돈이 안 되니 하지 않는 것을 해보자'고 마음먹었다고 한다.[18] 이때는 머스크도 전기차를 만들지 않을 때였다. 설명할 수 없는 창업가의 촉이 발동한 것이다. 그 시도는 대박으로 돌아왔다.

공장 준공식에 그의 노모가 참석했다. 노모는 아직 고향집을 지키고 계신다. 이 회장의 일가친척들도 포항에서 활동하시는 분들이 많다. 포항으로서는 복 받은 일이다.

에코프로가 들어오면서 시청 공무원들도 바빠졌다. 용수, 전기, 폐수처리 등 챙겨야 할 것들이 많이 생겼다. 비즈니스를 위해 찾아오는 업체들도 많아지고 영일만산업단지에 입주하려는 업체들도 있다. 에코프로그룹에서는 끊임없이 인력을 뽑고 있다. 우리 직원의 가족도 그 회사에 근무하고 있다. 포스코가 들어올 때처럼 새로운 생태계가 조성되고 있는 것이다. 비즈니스 하는 사람이라면 이 기회를 놓치지 말아야 한다.

세상은 결국 이런 혁신가에 의해서 점프업 된다. 테슬라를 만든 머스크, 에코프로를 창업한 이동채 회장, 그리고 포스코를 일군 박태준 회장….

7

지곡밸리에서 만들어지는 꿈

2017년 뮌헨을 방문한 적이 있다. 테크노파크협의회에서 독일 지역의 클러스터, 기술이전센터를 견학하는 프로그램에 참여하였다. 며칠 간의 강행군으로 뮌헨에 도착했을 때에는 일행들은 다소 지쳐 있었다. 가이드는 우리를 BIO-M이라는 기관으로 안내했다. 60대 중반의 머리가 희끗하신 풍채 좋은 독일 박사님께서 설명하시는데 '뮌헨 바이오 클러스터'를 언급하기 시작했다. 노 박사는 "뮌헨 지역에 250개의 바이오 회사가 있고 주로 진단, 치료 쪽에 연구를 진행하고 있다"며 "3만 명 정도가 생명과학 쪽에 일자리를 가지고 있으며 총 85개의 신약을 개발 중인데 승인돼서 판매되는 약이 8개"라고 말했다. 나는 졸린 눈을 부비고 의자에서 몸을 곧추세웠다. '어! 뭔가 심상찮은데, 말로만 듣던 바이오 클러스터가 있긴 있는 건가'라며 귀를 쫑긋 세우고 이야기에 집중했다. 1970년대 중반 뮌헨 소재 대학에 대규모 대학병원이 생기면서 뮌헨은 독일 동남부 지역 의료의 구심점이 되었다. 1980년대에 정부의 바이오연구소를 유치하면서 연구가 활성화되었다. 노 박사는 회사 건물이 들어선 지역은 그 전에 목장을 하던 지역인데 목장주인들은 부동산 개발로 '떼돈'을 벌었다고 웃으면서 설명했다.

미국 샌디에이고 클러스터, 보스턴 클러스터가 책으로 또는 자료로만 접했던 대표적인 바이오 클러스터였다. 국내에서도 송도, 오송, 판교, 대덕이 대표적으로 바이오 클러스터를 기치로 내세우고 있다. 아니 전국의 광역지자체는 모두 바이오를 미래산업으로 선정해서 집중 육성하고 있다. 포항도 예외가 아니다. 그런데 나는 이런 현상에 좀 심드렁했었다. 포스텍 중심으로 학생도 그쪽으로 많이 몰리고 바이오 관련 벤처회사들도 많이 설립되었지만 성과가 너무 더디게 나타났기 때문이다. 무수한 인재들이 좌절하고 떠나는 것을 봐왔고 되지도 않는 기술과 아이디어로 투자유치를 위해 '사기'치던 연구자나 교수도 많이 목격했기 때문이었다.

그런데 뮌헨을 방문하고 생각이 바뀌었다. 바이오 클러스터가 존재하고 노력 여하에 따라서 성공한다는 긍정적인 생각이 확고해졌다. 뮌헨이 1970년대 중반부터 시작했는데, 포항은 포스텍에 바이오학과가 생긴 게 1989년이니 아직 시간이 더 필요하다. 포항에 맞는 특화분야와 전략, 더 많은 에너지와 협력이 필요한 것으로 나름대로 결론을 내리기에 이르렀다.

지곡밸리의 잠재력과 아쉬움

이번에는 포스텍과 주변 지곡밸리의 상황을 살펴보자. 2019년 현재 포항의 지곡밸리(포스텍, RIST, 가속기연구소, 테크노파크 주변 87만 명을 총칭)를 중심으로 약 3,500여 명의 R&D인력이 근무하고 있으며 1년에 5,300억 원의 R&D 예산을 쓰고 있다. 포항경제의 중요한 한 축으로 기능하고 있는 것이다. 인력은 2015년 3,193명에 비해 9%가 늘었으며 포항시 취업자 수의 1.8%를 차지하고 있다. 예산은 국비가 55% 이상을 차지하고 있다. 시비로 지원하는 예산은 2010년 23억 수준에서 2019년 313억 수준으로 대폭 늘어났다. 국비 사업 수주가 기하급수적으로 늘어났기 때문이다.

집중도도 남다르다. 전국 지자체 중 특허 등록 건수가 1만793건

지곡밸리 전경

(2014~2018년)으로 8위를 기록했다. 수도권과 대전을 제외하고는 가장 높은 수준이다. 입주기업 수도 늘어나고 기술이전도 활발하다.

포항은 2019년 6월 과학기술정보통신부로부터 강소연구개발특구로 지정되었다. 포항시는 국내 최고 연구개발과 기술상용화 역량을 보유한 포스텍과 포항산업과학연구원을 기술핵심기관으로 기술사업화와 생산시설이 입주할 수 있는 포항테크노파크와 포항융합기술산업지구를 배후공간으로 지정하였다. 포항시는 AI·바이오 분야를 특화산업으로 설정하였다. 연구개발특구 지정으로 특구 내 입주기업에 대한 세금감면과 기술사업화 지원 혜택을 받을 수 있다. 특구는 매년 최소 60억 원의 국비를 교부받게 된다.[19]

연구개발특구는 연구개발 역량을 지닌 지역을 첨단개발지구로 설정하여 개발된 기술의 사업화와 창업을 통한 일자리 창출을 목적으로 운영되는 국가지원 제도이다. 2005년 대덕연구개발연구특구가 특별법에 따라 지정되었다. 법 개정을 거치면서, 2015년까지 광주, 대구, 부산, 전북 등 5개의 대형연구개발특구가 선정 운영되고 있다. 이후 지역이 더 확대되어 강소연구개발특구가 포항을 포함 전국에 12개 지역에 지정되었다. 기실 포항은 2005년부터 꾸준히 연구개발특구가 되기 위해 노력해왔다. 지금은 지정된다 해도 희소성이 떨어지고 너무 많은 곳이 특구로 지정되어 정부지원의 수준도 낮다. 그간의 과정을 지켜보면 너무 많은 정치가 개입되어 최초의 취지와 도입 목적은 형해화되어 버렸다는 느낌이 강하다.

또 한 가지 사례, 2011년 과학비즈니스벨트 선정과정이 떠오른다. 포항은 경북도의 지원과 심지어는 정권의 지원을 등에 업고 맹렬하게 로비전을 벌였다. 포항시장과 그 당시 테크노파크 원장은 국회에서 붉은 머리띠를 두르고 유치에 사활을 걸었었다. 그리고 또 한 분, 지금은 작고하신 한동대학교 김영길 총장께서 많은 활동을 하셨다. 상대적으로 포스텍은 집행부의 보직교수나 중견교수들이 적극적으로 나서지 않았다. 포항시가 과학비즈니스벨트 거점지구 유치를 추진할 수 있었던 것은 포스텍의 인프라와 R&D인력, 가속기연구소 때문이었음에도 말이다. 경북도나 포항시의 자치단체장들이 결의대회, 서명안 마련, 상경 홍보, 삭발, 단식 등 가장 원시적이고 비효율적인 물리적인 투쟁을 벌이고 있을 때 정작 포스텍은 이를 외면했다. 그저 시늉만 했다. 그런데 2012년 과학벨트사업의 일환으로 진행된 기초과학연구단(IBS)에 포스텍은 수학, 물리, 생명과학, 화학 분야 등 4개 분야에 우선 선정되었다. 1개 사업단이 100억 원 규모의 연구비를 지원받을 수 있는 거대 프로젝트이다. 이 연구비는 사업비 규모가 커서 포스텍의 R&D인력 유치와 연구에 많은 도움이 되었다.[20] 이런 국가사업의 수혜는 포스텍이 많이 받게 된다. 시작할 때부터 함께 했다면 더 빛날 수 있었던 일이었다.

포스텍의 비전, 연구중심의대와 병원

요즈음 포스텍은 연구중심의대 설립에 '사활'을 걸고 있다. 2023

년 의과학대학원을 융합대학원에 설치하여 '의사과학자'를 적극 육성하기로 했다. 의사과학자는 기초과학과 공학을 기반으로 의학지식을 갖추고 과학 혹은 공학과 의학의 융합분야를 중심으로 연구를 수행하는 의사이다. 노벨생리의학상 수상자의 절반이 의사과학자일 뿐만 아니라 코로나19 백신 개발도 의사과학자들이 주도하고 있다. 경상북도는 포스텍 연구중심의과대학 설립에 힘을 싣고 있다. 포스텍 의대 설립을 윤석열 정부 110대 과제와 경북정책과제에 포함시켰다. 포항시가 작성한 용역보고서에는 의학전문대학원(정원 50명)의 복합학위과정(MD-PhD) 8년을 운영하고 900병상 규모의 대학 부속병원을 민자로 도입하는 방안을 제시했다. 포항시는 포항지역 의과대학 설립(유치) 추진위원회를 발족하였다. 포스텍 김무환 총장은 의대 유치에 가장 적극적이다. 취임 이후부터 이 안건을 이슈화시키고 정책 과제로 만들어 여기까지 끌고 온 것에 김 총장의 역할이 컸다. 김 총장은 "의사과학자 양성은 시대의 선택이 아닌 필수"라며 "연구중심의대와 병원이 설립된다면 포스텍 특화 분야인 예측 의학, 맞춤형 신약개발, 재생의학 분야에서 세계 최고 바이오 융합인재를 배출할 수 있을 것"이라고 말했다.[21]

의대설립, 전문 병원 설립은 포항에서 파괴력이 큰 아이템이다. 의료산업은 미래산업이고 큰 대형병원 하나가 창출하는 일자리창출과 매출 효과는 엄청나다. 고령화 시대, 100세 시대에 끝도 없이 성장하고 있는 분야가 이 분야이다. 의과대학의 위세가 하늘을 찌른지는 20년도 더 된 이야기이다. 포스텍 내에서는 이미 20년 전부터 의대 유치, 병원 설립 안건이 구체적으로 제기되었다. 포스코도 적극적으로 이 사안을 검토했다. 병원 하나 짓는데 3,850억 원이 들고 포항지역과 주변 배후지역 인구로는 수익성이 없는 것으로 결론을 내기도 했다. 이 건은 워낙 폭발력이 있어 그냥 정부사업 유치하는 것과는 차원이 다르다. 학교는 학교대로 일치된 노력은 기본이고 경상북도와 포항시는 정부를 상대로 허가를 받아와야 한다. 병원을 만드는 거대한 자본 유치에 포스코가 나서줄지도 의문이고 그렇지 않다면 다른 대안을 찾아야 하는 복잡한 프로젝트이다. 포스텍 바이오 전공 교수는 "다행스럽게 이번에는 포스텍이 전면에 나섰다. 적어도 김 총장님은 그렇다. 지자체도 적극적이고 현 정부도 호의적이다. 물실호기(勿失好機)했으면 하는 바람이다."고 힘주어 말했다.

또 하나 거대한 프로젝트가 움직이고 있다. 포스코 그룹이 그룹 미래 신성장 사업을 위한 R&D컨트롤타워인 미래기술연구원을 개원했다. 우여곡절 끝에 포스코는 포스코홀딩스 본사와 미래기술연구원 본원을 포항에 설치하기로 했다. 보도에 따르면 미래기술연구원은 철강 중심의 포스코 기술연구원과는 달리 AI, 이차전지소재, 수소·저탄소 에너지 분야 3개 연구소 체제를 기반으로 종합 연구를 추진한다는 계획이다. 일부 핵심 전문가들을 영입해 이미 연구단 구성에 착수했다. 연구원의 구성원을 1,200명 수준으로 구상하고 있다는 이야기도 들린다. 여기에 포스텍이 주도적으로 참여해야 한다.

더할 나위 없는 기회이기 때문이다. 지자체도 부지가 필요하면 협조하고 다른 행정사항 지원에도 적극적인 노력이 요구된다.

몇 년 전에 포스텍 생명과학과의 중견교수와 정부과제 유치를 위해서 세종시로 출장을 같이 다닌 적이 있다. 세종시 관가 근처에서 늦은 저녁식사를 하면서 교수는 비장하게 "바이오도 이제 변곡점이 이르러서 변할 때가 된 것 같다. 부글부글 끓어오르고 있는데 도약이 힘들다. 포스텍도 마찬가지다"라고 말했다. 아직도 기억에 생생한 언급이다.

뮌헨을 방문했을 당시 우리에게 바이오를 설명하던 노년의 교수는 시니컬하게 이렇게 덧붙였다. 1990년대 중반 국가 연구 과제가 줄어들면서 연구원들은 위기감에 빠졌다고 한다. 본인도 과제수행보다는 연구자금을 수주해 오는 게 주요한 일이 되었다고 한다. 이때부터 제약회사 자금이 들어오기 시작했고 연구의 질과 지향점이 달라졌다고 한다. 이 연구들이 성과를 내면서 선순환을 일으켜 벤처들도 생기고 M&A도 발생하면서 역동적인 바이오 생태계가 형성되었다고 설명해 주었다. 국가 연구자금이 연구자들에게 주는 한계와 어떤 자금이 유치되고 어떤 연구를 해야 할지 포항의 연구자가 곱씹어야 할 대목이다.

"포항공과대학은 (중략) 소수의 영재를 모아 질 높은 교육을 실시함으로써 지식과 지성을 겸비한 국제적 수준의 고급인재를 양성함과 아울러, 산·학·연 협동의 구체적인 실현을 통해서 연구한 결과를 산업체에 전파함으로써 사회와 인류에 봉사할 목적으로 설립되었다" 포스텍 건학이념의 일부이다. 다시 새겨보아도 이것만한 지향점이 없다.

포스텍과 포스텍 주변, 지곡밸리도 이제 변할 때가 된 것 같은데 쉽지 않다. 좀 폭발적으로 끓어올랐으면 하는데 말이다. 시작할 때 그랬던 것처럼…. 미래 결과물이 클러스터가 될 수도 있고 테크노폴리스가 될 수도 있다. 그렇지만 포스텍이 시발점이 되어야 함에는 이견이 없다.

8

동해바다의 장쾌함, 해양관광도시

포항에 오면 오도리 바닷가에 꼭 가보라고 권한다. 간이해수욕장을 품고 있는 이 지역은 포근하고 아늑한 풍경 때문인지 언제부터인가 카페가 생겨나고 펜션들이 자리잡기 시작했다. 사진 찍기 좋게 만들어진 카페가 7~8군데는 된다. 요즘은 편의점이 들어서 있다. 코로나19 때문에 동해안 바닷가를 찾는 인원들이 부쩍 늘었다. 여름이 시작되면 흥청거리던 오도리 바닷가는 이제 계절을 잊은 것 같다. 언제나 주말이 되면 카페와 불을 밝힌 펜션에는 사람들로 왁자지껄하다. 대구사람들이 그렇게 오도 바닷가를 좋아한다는 소문이 있다.

2015년쯤 오도리에 작은 펜션(방이 3개)을 사서 들어오신 지인이 있다. 1층에는 조그마한 카페도 열었다. 나는 친구들과 이 카페를 한 번씩 찾곤 했다. 장사가 어떠냐고 물으니 빙그레 웃으면서 "재미있고 장사도 잘된다"고 그러신다. 3년이 지나서 펜션을 확장하고 싶어서 건물 아래 오래된 어촌집을 사려고 하는데 주인 할머니가 너무

오도리

가격을 높게 불러서 타협이 안 된다고 하소연했다.

　그런데 다시 갔을 때 카페주인은 결국 그 집을 사서 펜션과 카페를 확장했다. 물으니 평당 천만 원을 주고 샀다고 했다. 말문이 막혔다. 카페 주인은 "오도리가 그렇게 되었어요. 그런데 어떡해요. 그 집이 필요한데요"라며 웃었다. 카페는 더 아기자기해지고 공간도 더 넓어졌다. 이제는 주인네 식구도 이사를 왔고 딸도 카페에 상주하면서 손님을 맞이하고 있었다. 카페에는 주말 오전인데도 연인들이 찾아와서 사진을 찍고 있었다. 바닷가 경제는 그렇게 잘도 돌아가고 있었다.

MZ세대가 몰려오는 포항바다
　오도리 바닷가에서 남쪽으로 10분쯤 내려오면 용한리 바닷가가 있다. 이곳은 영일만항 북쪽 방파제 위쪽에 있다. 용한리 바닷가는 서핑객들로 북적인다. 방파제가 파도를 만들어 주면서 언제부터인가 서핑 마니아들이 몰려오기 시작했다. 바닷가에 몇 개의 서핑카페들이 생겼다. 우리가 캘리포니아 비치에서 봐왔던 그런 카페이다. 파도가 세지는 날이나 여름이 되면 이 비치는 캘리포니아의 서핑비치가 된다. 서핑보드를 옆에 끼고 구릿빛 얼굴을 한 남녀들이 서핑복을 입고 지나가는 모습을 보고 있노라면 새삼 우리나라가 선진국이 되었음을 실감한다. 물론 강원도 양양이나 부산 송정리에는 못 미치겠지만 여기도 엄연히 서핑객들로 붐비는 서핑비치인 것이다.

또 다른 곳, 포항 바닷가에서 사진찍기로 가장 핫한 플레이스는 칠포 곤륜산 활공장이다. 칠포해수욕장 북쪽 바닷가 언덕에 위치한 곳인데 원래는 패러글라이딩 활공장으로 쓰였다. 포항에서 패러글라이딩 동호회를 하는 분들에게는 꽤 유명한 곳이었다. 어쩌다 바람 부는 날 이곳을 지나다 보면 패러글라이딩이 떠다니는 모습을 볼 수 있었다. 무엇보다 착륙을 바닷가 모래해변에 할 수 있어서 안전을 확보할 수 있는 장점이 있었다. 여기가 몇 년 전부터 SNS에 사진 잘 나오는 곳으로 소문이 나면서 젊은 친구들로 넘쳐난다. 나도 한번 올라가 보았는데 사방의 전망이 장난이 아니다.

포항 바닷가를 유명하게 만든 데는 TV방송의 역할이 컸다. KBS 유명 예능프로 1박 2일이 영일대해수욕장 환여횟집을 방문하여 물회를 먹은 게 2010년이었다. 그러고 나서 이 식당은 그야말로 대박이 났다. 맛있기도 했겠지만 포항에 가면 꼭 방문해서 먹어야 하는 식당으로 소문이 나면서 그 집에는 항상 길게 줄이 늘어서 있다. 그 명성은 아직까지 이어지고 있다. 그 덕에 포항물회는 전국적인 상품이 되었다.

포항시는 이런 방송 마케팅을 적극 활용했다. 각종 방송프로그램에 포항의 바닷가를 활용하는 노력을 꾸준히 해 온 것이다. 이게 결실을 맺어 2019년 방영된 '동백꽃 필 무렵'은 구룡포에서 촬영되었다. 잘 만들어진 드라마였고 시청률도 대박이 났다. 촬영지는 관광명소로 주말이면 많은 사람들이 몰려온다. 구룡포 와서 회 먹고 호미곶 들렀다가 여기 들르고, 뭐 그런 코스여행이 완성되는 것이다. 2021년에는 '갯마을 차차차'가 또 대박을 터트렸다. 드라마 속 공간은 '강원도 공진'으로 소개되지만 이는 가상의 지명이다. 실제 촬영지는 포항 청하면과 구룡포이다. 곤륜산 활공장도 여기에 배경으로 나온다. 이곳도 전 국민이 찾는 관광지가 되었다. 포항시 관광산업과에는 관광마케팅팀이 있다. 직원들은 방송프로그램 제작을 지원하고 있다. 이런 노고의 산물로 포항의 바다는 사람들이 즐기고 힐링하는 공간으로 다시 태어났다.

바다의 위력을 새삼 실감한다. 어촌마을의 고기잡는 풍경이나 한여름의 해수욕장은 이제 먼 옛날이야기이다. 1970년대의 송도해수욕장, 1980~90년대의 칠포, 월포해수욕장은 이제 잊어버려도 된다. 바닷가 간이해수욕장이 더 인기가 있다. 코로나 시국에는 사람들이 답답해서 그런지 바닷가를 더 많이 찾아왔다. 주말이면 간이해수욕장에 텐트와 차박을 하는 가족, 연인들로 붐빈다. 젊은 연인들이 낚싯대를 들고 바닷가를 찾는 장면을 심심치 않게 볼 수 있다. 바닷가 카페들은 주인의 취향에 따라 엄청나게 거대해지기도 하고 오로지 사진 찍기 좋은 곳이 되는가 하면 아기자기한 곳이 되기도 한다. 나는 한 번도 가보지 못했지만 포항 바닷가 숙소의 대세는 '풀빌라'이다. 하룻밤에 수십만 원 한다는 풀빌라가 주말이면 꽉꽉 들어찬단다. 작은 요트나 제트스키들이 포구에 매여 있는 것도 눈에 띈다. 주말에 끌고 내려왔다가 가져가는 마니아들도 있지만 어떤 분들은 포구의 어촌계장을 섭외해서 매어두기도 한다. 조만간 포항 바닷가는 이런 요트와 제트스키들로 가득 찰 것 같다. 아는 선배는 요트 보관사업을 구상하고 있다.

무궁한 잠재력을 지닌 포항바다

포항시와 포스코는 최근에 대박을 터트렸다. 2021년 11월, 바다가 훤히 보이는 환호공원 언덕에 스페이스워크를 개장했다. 333m짜리 곡선형 철제 조형물은 단박에 포항의 랜드마크로 자리 잡았다. 올라서면 롤러코스터만큼 짜릿한 기분을 느낀다. 일출과 일몰, 야경의 특급 관광명품으로 벌써 인기가 높다. 스페이스워크는 포스코가 2년 7개월에 걸쳐 환호공원에 건립해 포항시에 기부한 체험형 조형물이다. 개장 100일 만에 26만 명이 찾는 핫 플레이스가 되었다. 해진 뒤 조명이 들어온 스페이스워크를 걸으면 우주 정거장에 와 있는 듯하다.[22] 기업도시 포항의 이미지가 단박에 바뀌었다는 평가이다.

바닷가는 끊임없이 변화한다. 영일대해수욕장에만 있었던 바다카페는 이제 그 영역을 점점 더 확대해 간다. 바닷가를 따라 여남동 언덕배기에도 규모가 크고 전망이 좋은 카페들이 자리잡기 시작했다. 우리 가족도 주말이면 이곳을 찾아간다. 몇 달 후에 가면 또 색다른 카페가 생겨 있고 심지어 여기에도 풀빌라가 들어서 있다.

하나 아쉬운 부분이 있다면 동빈운하이다. 동빈운하는 2013년 11월 개통되었다. 포항시가 죽어가는 도심을 살리기 위해 2006년부터 도심재생 프로젝트로 추진한 이 사업은 1,600억 원을 투입해 완공되었다. 운하가 개통되면 생명이 흐르고 문화가 넘치는 포항의 대표적인 랜드마크로 부상할 것이라고 기대했다.[23] 개통식 날 정말 많은 포항시민들이 모여서 축하하던 모습이 생생하다. 그런데 거기까지였다. 수변 주변을 일괄적으로 개발하기 위해 사업자를 공모하였으나 선뜻 나서는 사업자가 없다는 소식이 들렸다. 포항시는 원대한 워터프런트를 꿈꾸었지만 역부족이었다. 그러나 지금도 늦지 않았다고 생각한다. 죽도시장을 거쳐 동빈운하, 지척에 있는 송도의 송림공원, 송도해변까지 이어지는 코스는 여전히 매력적인 곳이다. 물길은 뚫렸으니 너무 욕심내지 말고 하나씩 아이디어를 내고 기획해 갈 필요가 있다. 이런 노력들이 쌓인다면 동빈운하는 반드시 많은 사람이 찾게 되는 또 다른 포항의 명물이 될 것이라고 확신한다.

바다의 생명력은 놀라울 정도이다. '우리들 두 눈에 그득히 물결 치는 시작도 끝도 없는 바다가 있다.'(김춘수 시인의 능금 중에서) 내가 다시 포항으로 복귀하던 2001년만 해도 영일대해수욕장의 상가와 카페는 지금과 비교하면 5분의 1 수준밖에 되지 않았다. 그동안 많은 사람들이 찾아와서 새로운 카페를 열고 식당을 열고, 그리고 없어지기도 했다. 그렇지만 전체적으로 바닷가 상가는 훨씬 많아지고 번창해졌다. 그래도 주말이면 가볼 곳으로 여기가 꼽힌다. 대구사람들도 그렇게 생각하는 모양이다. 평소에는 해안산책로를 걷는 시민들이 많다. 시내 바닷가뿐만 아니라 외곽지 바닷가도 마찬가지이다. 적어도 바닷가 경제는 계속 확장일로를 걸을 것 같다. 혹자는 동해안 바닷가가 뭐 볼 게 있느냐고 그런다. 한려수도가 있는 남해안이 낫다고들 한다. 글쎄, 장쾌한 동해안 해안 길을 달리노라면 그런 생각은 말끔히 없어진다. 호미곶에서 일출이라도 보게 되면 기분이 더 좋아질 것이다.

포항 송도해수욕장에 가면 평화의 여신상이 서 있다. 내가 송도 해수욕장을 갔던 1970년대 중반에도 있었으니 오래된 조형물이다. 2000년대 초반 해변도로를 개통하면서 없어질 위기에 놓였지만 2007년 다시 지금자리로 옮겨서 복원되었다. 지금 보면 좀 초라하기도 하지만 보존하기로 한 것은 잘한 결정이었다. 포항 바닷가를 방문했던 사람들에게 여신상은 잊지 못할 상징물이기 때문이다. 포항 송도해수욕장이 명사십리로 인기를 얻고 있었을 때, 한여름 15만 명의 피서객이 모여서 해수욕을 즐겼다. 그때 사진을 보면 정말 해변이 사람들로 가득했다. 포항시 인구보다 많은 숫자였으니 대구 등지에서 일요일이나 짧은 휴가를 이용해 그렇게 많이 방문한 것이다. 그랬던 포항 바닷가가 우리가 소득 1,000달러이었을 때는 상상할 수 없었던 방식으로 활용되고 소비되고 있다. 바닷가를 활용하는 해양관광도시는 포항으로서는 피할 수 없는 미래 비전이다.

9

영원한 숙제 거버넌스:
포항시, 포스텍, 포스코 그리고…

영일대해수욕장과 환호공원을 지나 요즈음 뜨고 있는 여남동 언덕에 집을 짓고 사시는 지인이 있다. 어느 가을날 지인이 해질 녘 풍경이 멋있다며 가까운 분들을 초청하였다. 나는 막내여서 마당에 의자를 놓고 음식을 세팅했다. 일행들은 일렬로 영일만과 포스코를 바라보면서 자리에 앉았다. 그런데 '쿵쿵, 우우웅'하는 소리가 계속 들리는 것이다. 집주인께 물어보니 포항제철소에서 나는 소리란다. 나는 깜짝 놀랐다. 매일 이 소리가 들리냐고 물으니 그렇다고 했다. 따지고 보면 그 집에서 제철소까지는 직선거리로 5㎞ 남짓이다. 영일대해수욕장과 포스코 야경을 배경으로 울리는 '쿵쿵'소리는 참으로 괴이한 감상을 자아냈다. 만(灣)을 넘어 55년 동안 저 소리가 밤낮없이 계속 울렸을 것이다. 포항의 심장소리이기도 하지만 쉽지 않은 익숙함이다. 포항 남구에 사는 주민도 항상 철강공단의 영향에 익숙

하다. 기온이 낮은 날이면 공장의 매캐한 냄새가 형산강을 타고 올라온다. 강변 아파트는 창문을 닫는다.

포항은 그런 도시이다. 환경에 대한 고려도 없이 맹렬하게 생산에만 치중할 때 제철소와 철강공단과 가까운 송도, 해도, 대도 지역은 날리는 철가루 분진때문에 빨래를 널어놓을 수 없었다. 지금은 환경시설이 많이 보완되어 줄었지만 삶을 위해 그걸 감내하고 여기까지 온 것이다.

전문 역량 강화가 절실한 포항시

포항의 경제를 구성하는 부문에서 포항시를 빼놓을 수 없다. 2021년 기준으로 전체 공무원 숫자는 2,300명 정도이고 예산은 3조 원에 이른다. 가족까지 포함하면 1만 명 이상이 직접적인 영향권에 있고 예산은 오롯이 시민을 위해서 사용된다고 생각하면 포항경제에서 차지하는 비중은 숫자 이상이라고 할 수 있다.

이런 수치적인 부분보다 이제 포항시는 명실상부하게 포항을 이끄는 주체가 되어야 한다. 선출직 포항시장은 선두에 서서 미래 포항을 기획하고 일자리를 만들고 기업을 유치하고 쾌적한 정주환경을 만드는 일에 매진해야 한다. 그리고 무한책임을 져야 한다. 과거에 그랬던 것처럼 포스코에 적당히 기대어 갈 수 없다. 포항시 공무원들도 마찬가지이다. 그걸 위해 가장 필요해 보이는 것은 시 공무원의 전문성 확보이다.

공무원들은 승진에 목을 맨다. 그게 전부인 것처럼 보일 때가 많다. 그래서 지자체장은 교묘하게 실적과 승진을 연계시켜 놓는다. 승진하기 위해서 각고의 노력을 하지만 승진하고 나면 다른 자리로 발령 나버린다. 그동안 쌓아놓은 네트워크와 전문성은 전부 소실된다. 2년 주기로 돌아가는 공무원의 보직 변경은 켜켜이 쌓아온 경험에서 정착된 것이겠지만 유연한 제도 운용이 필요해 보인다. 포스텍팀장은 이런 이야기를 했다. "우리는 보직 담당 공무원의 기획, 아이디어, 보고서 등 많은 요구사항에 군말 없이 따른다. 시 공무원이 사업을 따고 승진이 되어 발령이 나서 가버리면 다시 리셋된다. 우리가 하는 전문적인 사항은 후임자가 알아듣지 못하기 때문에 주도권은 우리가 쥔다"고 고백했다. 이런 방식으로는 전문성이 쌓이지 않는다. 업무의 연계성도 없다. 처음 기획했던 사업의 의도는 어느새 사라져버리고 그 업무를 수행하는 기관의 의도에 따라 왜곡되어 간다. 그야말로 '공(公)'의 목적이 사라져버리는 것이다.

몇 년 전에 환경부 사업인 '자원순환복합단지' 프로젝트를 도입해 보려고 찾아보니 부산시가 이 사업을 진행하고 있었다. 1,000억 원 이상의 정부사업을 유치하여 단지를 조성하였다는 것을 알게 되었다. 알음알음해서 부산시 담당 공무원을 면담하게 되었다. 그분은 솔직하게 사업추진 시 문제점과 핵심사항을 알려주었다. 고마웠다. 감사인사를 하고 부산시청을 나오는 데 그 담당주무관이 "자원순환

복합단지 해 보려고 논문 참 많이 찾아보았어요. 연구자들에게 전화도 많이 했고요"라고 말했다. 순간 한 대 얻어맞은 느낌이 들었다. 전문성을 기르기 위해 이렇게 많은 노력을 하고 있구나. 조금 부끄러웠다.

5~6년 전, 테크노파크 입주업체였던 김 대표는 포항에 전력반도체공장 부지를 물색하고 있었다. 어느 날 찾아와서는 "포항시 공무원은 몰라도 너무 모른다. 첨단공장은 여러 조건이 갖추어져야 한다. 반도체 공장에서 전기, 용수, 폐수처리, 가스처리는 필수적인 사항이다. 그런데 그걸 아는 공무원은 없다"며 안타까워 했다.

이게 냉정한 수준이다. 시 관련 부서에 따라 전문성과 일관성, 지속적인 네트워크가 필요한 업무가 있다. 포스코 관련 업무, 철강공단 환경업무, 기업투자 유치, 공장설립, 신산업 기획, 포스텍 담당, 도시재생업무는 지속적으로 전문성을 가진 공무원이 맡아서 일을 처리해야 한다. 담당 부문을 정하여 업무의 연속성이 이루어져야 제대로 된 지원과 결과물을 얻을 수 있다. 포스텍에서 기획업무를 담당했던 부장은 "포항시는 기획 사업이 있으면 무조건 포스텍으로 들고 온다. 공무원 개별 연줄을 통해 기획서 작성을 부탁한다. 우리는 당연히 해 준다. 물론 포스텍에 도움이 되는 방식으로 만든다"고 토로했다. 그러면서 "그런데 안타깝다. 그런 일을 하라고 테크노파크를 만들었고 거기에도 10명이 넘는 박사 학위자가 있다"며 포항시의 협업 방식에 이의를 제기했다. 새겨들을 대목이다.

2022년 기준으로 포항시 재정자립도는 27%이고 재정자주도는 56%이다. 재정자주도는 지방자치단체가 자주적으로 재량권을 가지고 사용할 수 있는 재원이 전체 세입 중 얼마나 되는가를 나타내는 지표로 실질적인 자치단체의 재원 활용능력을 나타낸다. 재정자주도 지표를 지방자치단체의 활용재원으로 보았을 때 포항은 나쁘지 않은 수준을 유지하고 있다. 2018년 이후 56% 수준으로 전국 평균은 되는 편이다. 그럼에도 불구하고 예산의 조정이 요구된다. 알게 모르게 관행적으로 편성되거나 경직된 예산으로 인해 시에서 투자나 공격적인 사업을 위해 써야 할 예산은 항상 부족하다. 공무원들 업무회피의 가장 좋은 핑계가 예산이 없어서 또는 부족해서이다. 과감하게 사업성 예산 20%를 예산 조정을 통해서 확보하여 미래비전에 투자해보는 것은 어떨까.

냉정한 현실 인식이 필요한 포스텍

다음으로 포스텍 발전과 포항 발전을 어떻게 조화시켜 나가야 하는지 문제에 대해서 논의해 보자. 먼저 포스텍에 이런 질문을 던지고 싶다. 포스텍은 지방대학인가? 포스텍은 종합대학인가?

포스텍은 서울에 있는 대학이 아닌 지방대학이다. 그렇지만 우리나라에서는 명문대학으로 손꼽힌다. 그런데 여기에 묘한 열등감이 작용하고 있다. 포항에 KTX가 들어왔을 때 내가 알던 포스텍 교수는 그렇게 좋아했었다. 집이 포항에 있음에도 불구하고 커다란 숙제가 해결되었다는 듯한 표정으로 여러 장점을 설명했던 기억이 있다. 포스텍은 2016년 판교에 AI, 빅데이터 공동연구와 창업을 위해 '판교 R&BD사무소'를 개소했다.[24] 그 전부터 수도권의 다른 도시에 연구소를 두기 위해 많은 노력을 했었다. 모든 것이 서울중심인 우리나라의 서글픈 현실이어서 안타깝지만 본질은 잊지 말았으면 좋겠다. 가뜩이나 규모가 작은 대학이 자꾸 역량을 분산시켜서 얻는 이득보다는 실이 많을 수 있다. 개교 후 2조 이상의 연구 인프라가 투자된 포항부터 먼저 활용해야 할 것이다. 미국 대학은 한국 대학과 달리 지역사회 기여를 중요한 사명으로 인식한다. 실제 지역 연구와 교육을 통해 지역경제를 지원한다. 실리콘밸리가 가까운 스탠퍼드대학의 컴퓨터공학과는 정원이 750명이나 된다. 숫자와 수준에서 동부의 대학들을 압도한다. 그 인력이 실리콘밸리에 가고 선순환이 이루어진다. 포스텍도 벤치마킹했으면 좋겠다.

그리고 포스텍은 공과대학이다. 종합대학이 아니다. 신문 등에서 발표하는 대학순위에 취해서 정체성을 잃으면 곤란하다. 내가 다니던 경영학과의 입학정원은 345명이었다. 정원 외가 있어서 입학해보니 370명 이상이 동기였다. 숫자가 너무 많아서 A~E까지 분반을 했다. 지금도 정원이 320명이다. 서울대학교 2022년 입학정원은 3,443명이다. 포스텍은 분명히 과학과 공학에 특화된 지방에 있는 명문 공과대학이다. 그게 본연의 정체성이라고 생각한다. 그런데 이런 대학에서 자꾸 '순혈주의'가 떠돈다. 타 학부 출신으로 포스텍에서 박사학위를 받은 테크노파크 입주업체 대표는 "포스텍 출신 업체들 모임에 끼지를 못하겠다. 학부 중심으로 주류를 형성하려는 경향이 있다. 가뜩이나 작은 학교에서 참 이해하기 힘든 발상이다"라고 섭섭함을 토로했다. 내가 대학에 입학해서 기숙사에 들어가니 3인 1실에 2학년이 방장이었고 1명은 문과, 1명은 이과였다. 그때 이미 '융합'을 하고 있었던 것이다. 포스텍도 협애한 생각에서 벗어나 다양한 융합과 연합을 통해 영역을 확장해 갔으면 좋겠다.

또 하나, 포스텍에서 교수가 테뉴어를 받으려면 산학트랙과 연구트랙 중 하나를 택해야 한다. 산학트랙은 몇 년 전에 생겼다. 그러나 여전히 포스텍 교수들은 SCI논문 등 연구실적을 통한 연구트랙 테뉴어 신청이 압도적으로 많다. 산학트랙은 극소수라고 한다. 지자체와 협력하고 지역의 일자리 창출을 위해서는 산학트랙 교수가 많아져야 한다. 대학도 새로운 분위기가 조성되고 대학 주변의 창업과 산학협력이 활성화되려면 산학트랙의 비중이 높아져야 한다. 400억원을 주식투자로 벌어 퇴직한 KAIST교수를 신문에서 읽은 적이 있다. 이런 다양한 시도와 성취가 포스텍 구성원들에게도 자극이 되었으면 한다.

포항과 포스코는 운명공동체, 실행력 있는 거버넌스의 필요

포스코는 이제 포항과의 상생에서 어떤 역할을 해야 할까. 재정적인 측면에서 포스코는 포항 살림의 버팀목이다. 조사에 따른 2009

년부터 2020년까지 포스코가 포항시에 납부한 지방세는 한 해 평균 492억 원으로 총 5,907억 원에 달한다. 포항 전체 시 세금의 14.9%를 차지한다. 여기에 포스코건설, 포스코케미칼, 포스코ICT, 포스코엠텍, 포스코강판 등 포항에 본사를 둔 계열사와 협력사를 포함하면 시 세금의 30%를 차지하고 있다.[25] 특정기업이 한 도시의 재정을 좌지우지하고 있는 것이다.

작금의 포스코홀딩스 본사 이전이 불거지는 것에 대해서 포스코가 섭섭함을 느끼는 것에는 충분한 이유가 있어 보인다. 포스코 출신 업체 대표는 "포스코는 항상 포항시에 물주 노릇을 하고 있는데 포항시는 그 고마움을 모른다. 돈 필요하면 결국 포스코에 매달리면서 왜 그렇게 뻣뻣하냐"고 말했다. 그러나 생각해보자. 포스코의 많은 직원들이 아직 포항시를 근거지로 살아가고 있고 근무했던 많은 사람들도 포항시민이다. 서로가 거대한 운명공동체임을 잊지 말아야 한다는 것이다. 그렇다고 박 회장 때처럼 포스코 회장이 지역을 책임질 수도 없고 져서도 안 된다. 기업 활동에 매진하고 서울에서 글로벌 확장에 힘을 쏟아야 하는 게 맞다. 다만 직원이 가장 많이 살고있는 포항시에서 상생할 수 있는 프로젝트가 생겼을 때는 이해관계를 따져 적절하게 포스코 입장을 개진하고 참여했으면 한다. 그러나 다시 한번 강조하고 싶다. 포스코는 철강산단지, 포항시와는 '순망치한(脣亡齒寒)'의 관계임을 잊지 말아야 한다.

명실상부한 거버넌스 구축

구슬도 꿰어야 보배가 된다. 먼저 포항판 '앨리게니 회의'를 구성해보는 것이 어떨까. 실제 작동하는 거버넌스가 절실하다. 포항시가 주도하고 포스텍과 포스코가 실질적으로 참여하는 집행기구를 만들어야 한다. 물론 다른 대학이나 지역기업을 대표하는 기관도 참여할 수 있다. 그러나 적당히 기관장들이 모여서 밥이나 먹고 사진 찍는 모임은 필요 없다. 절실한 의제를 놓고 역할을 분담하고 위험과 문제점을 토론하고 자본유치를 어떻게 할지를 토론하는 명실상부한 집행위원회가 구성되었으면 좋겠다.

세 주체가 공동으로 참여해야 시너지가 나는 프로젝트를 살펴보자. 포스텍 의대 설립과 병원 유치 프로젝트를 먼저 꼽고 싶다. 포항시의 중앙정부 설득과 행정적 지원, 포스텍의 연구개발 역량, 포스코의 자본과 네트워크가 어우러져야 성공할 수 있다. 포항시와 포스텍의 추진의지는 확고하다. 포스코는 여러 면에서 주저할 수 있다. 그렇더라도 여러가지 방식으로 문제점을 풀고 어려움을 극복해야 하는 난이도가 높은 주제이다. 적당히 용역보고서나 만들고 업무협약서(MOU)나 맺어서 해결될 사안이 아닌 것이다. 포스코를 건설할 때나 포스텍을 개교할 때의 집중력과 상생정신, 헌신이 필요한 작업이다.

두 번째는 포항에 짓기로 한 포스코 미래기술연구원의 안착이다. 포항시에는 수백 명의 양질의 일자리가 생긴다. 포스텍은 연구역량을 확장할 수 있는 절호의 기회이다. 포항시와 포스코는 상생협력TF를 만들어 대응하기로 했다. 포스코가 욕심을 버려야 성공할 수 있다. 이왕 내려오기로 한 거 제대로 내려와야 한다. 멋진 그림이 만들어졌으면 좋겠다.

마지막으로 에코프로그룹이 포항에 정착했는데 분명히 지역대학과 협력할 수 있는 부분이 있다. 한동대의 인력과 포스텍의 연구역량과 연결된다면 시너지가 배가될 것이다. 이차전지 소재 분야에서는 포항이 생산과 연구 분야 모두에서 주도권을 잡을 수 있도록 다양한 노력과 시도가 필요해 보인다.

2006년 7월 건설노조 2,000여 명이 포스코 본사를 점거농성하는 사태가 발생했다. 경찰이 포스코 본사 점거사태 이후 미온적인 태도로 지루한 대치전을 거듭하자 보다 못한 시민들이 장대비에도 아랑곳없이 거리로 뛰쳐나와 '포항경제살리기 범시민궐기대회'를 열었다. 무려 3만 명이 모였다. 임단협 관철을 위해 결사투쟁을 외치던 건설노조도 시민여론 앞에 급격히 기세가 떨어졌다. 이런 노력으로 점거사태는 9일 만에 수습되었다. 오로지 포항을 살려야 한다는 절실한 목소리가 사태를 수습하게 하는 결정적인 동력이 되었다.[26] 점거가 끝난 후 시민단체 자원봉사자들은 포스코 본사의 부서진 집기류를 정리하고 청소하였다. 지금도 포항시민은 여전히 이 절실함으로 포스코를 대하고 있다.

10

일자리, 결국 양질의 일자리 창출

지금은 테크노파크에서 과장으로 일하고 있는 김 과장은 이력이 독특하다. 여성인 김 과장은 포항의 상업계 여자고등학교를 졸업한 이후 포항철강공단의 파이프 회사에 경영지원 업무를 담당하는 여사원으로 취직했었다. 김 과장의 일솜씨로 보았을 때 쫓겨나지는 않았을 것 같은데 그녀는 일 년을 버티지 못하고 포스텍 내의 연구센터의 계약직 여사원으로 자리를 옮겼다. 1년 정도 지나서 테크노파크에 기간제 일자리가 생겨서 다시 옮기게 되었다. 업무성과가 좋아서 정규직 사원이 되었고 지금은 결혼도 하고 자녀도 낳아서 단란한 가정을 꾸미고 잘살고 있다. 김 과장의 업무처리 능력은 정평이 나 있어서 모두들 그녀와 같이 일하고 싶어한다. 테크노파크에 온 지도 10년이 훌쩍 넘어서 베테랑 중의 베테랑으로 꼽힌다.

나는 언젠가 김 과장에게 왜 월급 많이 주던 파이프회사에 있지 않고 계약직 여사원으로 이직했는지 물은 적이 있다. 김 과장은 철강공단의 근무여건이 형편없었다고 했다. 주변에는 온통 우락부락한 남자들 뿐이고 소음이며 환경이 열악하다고 그랬다. 아무리 돈을 많이 주어도 근무하지 못하겠더란다. 반면에 포스텍 주변의 연구소는 쾌적하고 같이 근무하는 직원들도 석박사 이상이라 왠지 모를 안정감이 들었다고 그랬다.

대책이 필요한 일자리 양극화

위의 사례는 일자리 문제에 있어서 많은 것을 생각하게 해준다. 여성 일자리, 청년 일자리, 양질의 일자리, 일자리의 조건, 포항의 일자리 문제 등 많은 시사점을 제공하고 있다.

포항에서 가장 많은 일자리를 제공하고 있는 곳은 단연 포스코이다. 외주업체를 포함하면 1만6,000명 이상이 직접적으로 고용되어 있다. 공급업체, 수요업체를 포함하면 간접적인 영향력은 훨씬 더 넓을 것이다. 포항제철소의 직접 고용 인력은 계속 줄어들어 왔다. 한때 2만 명을 넘었던 직접 고용 인력은 8,000명 수준으로 줄어들었다. 구조조정과 노조 확대의 보완책으로 도입된 외주업체 인력은 8,000명 수준으로 추산된다. 현재 상태에서 포항제철소의 직접고용 인력이 늘어날 것 같지는 않다. 공장자동화와 생산성의 향상이 결합되어 지금 상태로 되었을 테니 말이다.

문제는 고용의 양극화 문제가 심각하다는 것이다. 협력업체의 임금수준은 목표가 80% 수준이나 현재는 70% 수준에 그치고 있다.

심지어는 그 수준이 50%밖에 되지 않는다는 소리도 들린다. 젊은 외주업체의 직원은 고용이 유지되는 것이 우선이어서 임금수준의 문제를 제기하지도 못한다. 우리나라 제조 대기업 내에서 하청업체의 임금격차가 포스코만 겪는 문제는 아닐 것이다. 이게 전체 기업의 미래 경쟁력까지 갉아먹지 않도록 대처하는 것이 바람직해 보인다.

철강공단의 일자리 문제는 포스코보다 더 심각하다. 먼저 고용인력 숫자 자체가 줄고 있다. 2015년 이후 구조조정을 거친 후 전체 생산액은 다소 회복하였으나 고용인력이 1만3,733명(2021년 기준)으로 줄어들었다. 이 추세는 2000년 이후 계속되고 있다. 또 다른 포항철강공단의 특징은 전국 국가산업단지 중에서 청년 고용률이 가장 낮다는 것이다. 업체들의 사정이 눈에 확 들어오는 장면이다. 업체들은 노후한 장비를 노쇠한 노동자들에 의해서 유지하고 있는 것이다. 대체인력은 구하기가 힘들고 업체는 투자를 통한 생산성 향상과 업종 전환은 감히 꿈꾸지 못하고 있다. 청년들이 찾아오는 양질의 일자리를 만들어내지 못하면 사실 미래는 없다.

최근 포항철강관리공단은 산업통상부로부터 산업단지 대개조 사업의 일환인 '스마트그린산업단지'로 지정받아 변화를 모색하고 있다. 자문을 맡은 포스텍의 스마트팩토리 전문교수는 이렇게 조언했다. "지역 철강 제조업의 현실에 맞는 자동화가 필요하다. 노쇠한 인력들의 눈높이에 맞춘 작업장의 스마트화가 절실하다"고 역설했다.

현장 수준에 맞는 교육프로그램을 도입하고 전문가의 밀착 지원이 필요해 보인다.

아무리 좋은 정부지원과 조언이 있어도 필요없다. 결국 철강관리공단 업체 대표들의 각성과 실행의지가 우선 선행되어야 한다. 회사를 지속가능하게 만들려는 대표의 강력한 결심이 회사를 변화시킨다. 정부의 지원은 이런 업체를 찾아내고 재원과 인력을 선별적으로 투입하는 방식으로 진행되어야 한다. 철강공단 내에서의 작은 혁신들이 소문을 타고 확산되는 방식이 지금으로서는 최선이다.

양질의 일자리 원천과 한 발 앞선 지원

지곡밸리를 구성하고 있는 포스텍과 RIST, 가속기연구소, 포항테크노파크 등 주변의 일자리 상황을 살펴보자. 사실 지곡밸리의 일자리는 양질의 일자리라고 할 수 있다. 포스텍 교수와 연구원, 포항테크노파크에 입주하고 있는 지멘스의 일자리들은 첨단분야와 연관되어 생산성도 높고 성장성도 높은 첨단 일자리라고 할 수 있다. 청년 일자리도 많아서 포항의 청년들이 그나마 외지에 나가지 않고 많은 일자리를 찾을 수 있다.

그러나 한계도 존재한다. 지곡밸리의 일자리는 국가연구개발자금이나 지방자치단체의 보조금을 통해서 창출되는 일자리이다. 지속가능성이 부족하다. 항상 새로운 과제를 따기 위해서 좌불안석이다. 아직 일자리를 만드는 선순환구조를 만들지 못했기 때문이다. 일자리는 업체가 만드는데 그런 업체들의 성장은 부족하다. 테크노파크나 포스텍 체인지업그라운드에 입주해 있는 업체들이 성장해야 한다. 이 업체들이 성과를 내고 투자유치를 이끌어내고 M&A 과정을 거치면 양질의 일자리는 극대화될 것이다.

포항에서 추진하고 있는 의과대학 설립과 전문병원 설립은 양질의 일자리를 창출하는 극적인 모멘텀이 될 것으로 확신한다. 종합병원만큼 다양한 수준의 일자리를 창출하는 기관은 많지 않다. 의사, 간호사, 의료전문직, 병원행정직원, 요양보호사 등 다양한 직종의 인력이 동시에 필요하다. 적어도 3,000명 이상의 일자리가 창출될 것이다. 다시금 강조하지만 미래를 위해 사활을 걸고 뛰어야 할 프로젝트임에 분명해 보인다.

포항에서 새롭게 태동하고 있는 이차전지산업에서의 일자리 창출도 중요하다. 에코프로의 포항캠퍼스가 완공되면서 지역 일자리 시장에도 활기가 돌고 있다. 우리 직원 중에도 에코프로BM에 다니는 남편을 둔 여직원이 있는데 주말부부를 면하게 되었다고 활짝 웃었다. 이 여직원은 남편이 대구에서 직장을 다니고 있어 어려움이 많았다. 지역에서 에코프로 효과는 상상 이상이다. 전직도 활발하고 젊은이들도 몰려온다. 이제부터 시작인지 모르겠다. 미래산업인 이차전지소재 산업에서 포항이 확고한 역할을 하게 되었다. 기회를 놓치지 말아야 한다. 관련 대기업의 추가 투자유치가 이루어질 수 있도록 하고 서플라이 체인 업체의 포항 유치에도 적극 나서야 한다.

양극재, 음극재, 전구체, 분리막 등 부품별로 업체의 밸류체인을 직접 챙기고 관련업체들을 유치했으면 한다. 지역 철강업체들의 업종전환도 여기에서 일어났으면 하는 바람이다. 신규 성장산업에서 창출되는 일자리야말로 미래가 기대되는 양질의 일자리이다.

포항 민간경제의 중요한 축인 죽도시장에서 창출되는 일자리에 대해서 논의해 보자. 2,500여 개의 점포에서 6,000명 이상의 상인과 관련업자들이 열심히 일하고 있는 죽도시장은 서민 일자리를 대변한다고 하겠다. 어시장을 필두로 눈에 띄게 젊은 상인들이 늘어가고 있다. 이제는 대를 물려서 죽도시장에서 장사를 한다. 그들이 하는 방식은 기존의 방식과는 좀 다르다. 합리적이고 빠르고 폭발적이다. 온라인 마켓은 이들 상인에게는 이미 확장된 시장으로 존재하고 있다. 포항시는 죽도시장의 인프라 확충과 집객 편의성을 향상시키는데 지원을 집중했으면 한다.

마지막으로 포항의 해양자원을 활용한 일자리 창출은 또 다른 미래가 될 수 있다. 포항 바닷가에는 이제 여름에만 사람들이 몰려오는 것이 아니다. 사시사철 사람들로 북적거린다. 최근 영일대해수욕장에 갔다가 거기에도 캠핑족들이 진을 치고 있는 것을 보고 깜짝 놀랐다. 포항사람들에게는 영일대해수욕장은 잠을 자는 곳(?)이 아니라고 생각하는데 외지인들에게는 그냥 바닷가로 생각하는 모양이다. 동해안 바닷가 곳곳에 캠핑장이 들어서고 풀빌라들이 불야성을 이루고 카페들은 계속 늘어만 간다. 대한민국 사람들의 바다사랑을

영일만항 요트대회

어떻게 막을 수 있을까. 요즈음 포항바닷가에서는 서핑도 하고 요트
도 하고 패들보트도 타고 스킨스쿠버도 하고 정말 못 하는 게 없는
바닷가가 되었다. 사람들이 몰려오면 일자리가 만들어지고 문화가
생긴다. 그 주체가 젊은 사람들이라는데 주목할 필요가 있다. 조금
은 방기하면서 자연발생적으로 성장해나갈 수 있도록 간접 지원하
는 방식을 제안한다. 동해바다가 젊은이들에게 꿈을 주어야 하지 않
겠는가.

경상북도 도청이 안동으로 이전하기 전에 대구 산격동에 있던 경
북도청 정문 아치의 상징 구호가 아직 기억에 새롭다. '일자리, 일자
리, 일자리'였던 것으로 기억한다. 지금 생각해도 탁월한 경구이다.

줄어들기만 하는 일자리, 그것도 광역시도 아닌 경상북도에서 뭘 해야 할지를 가장 선명하게 전달해주는 문구이다. 포항 경제 주체의 일차적인 목표가 일자리, 그것도 양질의 일자리 창출로 해보면 어떨까.

나오며

'포항총각'이라는 말이 있다. 줄여서 '포총'이라고도 한다. 가족은 교육이나 생활 때문에 서울 집에 있고 직장이 있는 포항에서 주중에 근무하는 중년 남성들을 지칭한다. 1990년대 중반 이후 포스코 서울센터가 지어졌다. KTX가 개통하면서 서울 이동시간이 줄어들면서 포항총각들이 늘어나기 시작했다. 주5일제 도입도 여기에 영향을 미쳤다.

수도권 집중은 포항만의 문제가 아니다

만약 가장이 포항에서 포스코에 다니는 직장인이라면 생활하는데 불편함이 없는 중산층으로 살 수 있다. 길어봐야 20분 안에 출퇴근이 가능하고 포항이 아니더라도 30분이면 경주에 갈 수 있다. 대구와 부산도 1시간 30분이면 닿을 수 있어 생활하는 데 불편함은 없다. 교육도 지곡단지의 학교시스템이 워낙 잘 되어 있어 고등학교까지는 무난하게 다닐 수 있다. 그런데 자식들이 대학에 들어갈 때쯤 되면 고민이 시작된다. 만약 '인서울'해서 서울에 가는 자식이 생기면 부모의 마음이 바빠진다. '서울살이'에 대한 고민이 시작되는 것이다. 지난번 살던 아파트의 아주머니댁도 큰 아이의 대학 입학과 동시에 아버지는 포항에 남고 어머니는 두 동생을 데리고 미련없이 포항을 떠났다. 자식이 서울에 자리라도 잡게 된다면(부모가 이를 바라는 경우가 많다) 마음이 더 분주해진다. 그 비싼 서울 집값을 감당하려면 '무리한 방식'을 동원해야 하기 때문이다. 포항의 삶을 포기해야겠다고 생각하는 순간 삶은 경제적으로 팍팍해지고 쪼들린다. '인서울'과 포항총각이 어찌 포항만의 문제이겠는가. 전국적인 현상일 것이다. 그래서 얻는 것은 무엇인가.

나는 서울에서 15년을 살았다. 대학에 입학하고 2001년에 포항으로 귀향했다. 서울에 출장이라도 가게 되면 어지러운 지하철의 노선도에 눈이 휘둥그레진다. 6호선이 개통되는 것을 보고 내려왔는데 이제는 지하철의 규모가 2배는 커진 것 같다. 그만큼 사람들이 몰려들었다는 이야기일 것이다. 이제는 그것도 모자라 GTX를 건설한단다. 언제쯤 이런 서울 집중, 수도권 집중이 멈출까. 지방분권이니 지역균형발전이니 하는 기치는 한낱 구호가 될 판이다. 포항의 32평 아파트값은 상위지역이 4억 원 정도이다. 서울 지역에서 선호하는 곳은 15억 원을 호가한다. 강남은 20억 원이 훌쩍 넘는다. 심각한 격차가 발생하고 있는 것이다. 이 양극화부터 해소해야 하는 것 아닌가 싶다. 그런데도 선거때면 동서가 나뉘어서 싸운다. 그나마 일자리가 있어 살기가 괜찮았던 포항, 울산, 창원, 여수, 목포 대불, 군산의 상황도 악화 일로이다. 악순환도 이런 악순환이 없다.

대기업 건설회사에서 임원을 하고 있는 후배가 있다. 주로 첨단산업단지개발 일을 하고 있어서 후배에게 포항에도 투자 좀 하라고 웃으면서 말했다. 후배는 "형님, 우리 회사는 수도권, 지방의 광역도시 외에는 투자하지 않습니다. 다른 회사도 마찬가지이고요. 수지타산이 맞지 않습니다"라는 냉정한 답이 돌아왔다. 그래 맞는 이야기이다. 이런 담론은 중앙정치 하시는 분들이 풀어야 할 숙제이다. 늦기 전에 특단의 조치가 필요해 보인다. 지역에도 사람들이 살게 해주어야 한다.

포항의 경쟁력 있는 콘텐츠

어쩌면 우리는 당면한 지역의 현안과 문제에 집중하는 것이 빠를지도 모른다. 지역 이야기에 집중해보자. 포항에도 전국에 자랑할 만한 콘텐츠가 있다. 2007년 '젊음과 낭만, 그리고 열광'이라는 주제로 시작한 칠포재즈페스티벌이 있다. 이 뮤직페스티벌은 2021년 15주년을 맞았다. 향토기업인 황인찬 위원장(황대봉 회장의 장남)에 의해서 시작된 재즈 음악제는 칠포바닷가로 꾸준히 사람을 불러 모으고 있다. 바닷가와 재즈가 어우러지면서 벌어지는 음악의 향연은 귀도 즐겁고 기분도 덩달아서 좋아진다. 계속 발전했으면 좋겠다.

2021년 11월에 제1회 포항음악제가 열렸다. 코로나 와중이어서 객석을 다 채우지는 못했지만 멋진 클래식 잔치가 포항문화예술회관 주변에서 벌어졌다. 나는 참가하는 음악가가 백건우 선생, 노부스 콰르텟 등 쟁쟁한 연주자들이어서 깜짝 놀랐다. 포항에서는 보기 힘든 연주회가 열렸기 때문이다. 찬찬히 들여다보니 예술감독이 눈에 들어왔다. 예술감독을 맡은 이가 30대 신예 첼리스트 박유신이다. 박유신은 포항예술고등학교를 졸업하였다. 고향에서 역량을 발휘하는 모습이 신선했고 그를 발탁한 이들의 혜안도 인상 깊었다. 젊은 음악가의 새로운 시도가 멈추지 않고 주변에 흔들리지 않으면서 계속 이어졌으면 한다.

2022년 세계 3대 문학상 중 하나인 부커상 후보로 정보라 작가의 '저주토끼'가 최종후보로 올랐으나 수상에는 실패했다. 이 상은 2016년 한강 작가가 '채식주의자'로 수상하여 한국문학의 역량을 해외에 널리 알린 것으로 기억된다. 부커상은 세계 3대 문학상으로 통한다. 그 정보라 작가가 포항에 거주하고 있다. 2020년 결혼해서 시집온 '포항새댁'이다. 시어머니는 죽도시장에서 오랫동안 가게를 운영하고 있다고 한다. 지금은 포항 송도해변을 배경으로 하는 '상어'를 집필하고 있다. 정 작가는 "포항과 정이 들어가고 있다"고 말했다. 포항에서 바라보고 마주한 순간이 정 작가의 작품에 소재가 되어가고 있다고 한다.[1] 알게 모르게 우리 주변에 숨은 고수가 많다. 포항에서 이루어지는 정 작가의 다음 작품이 기대된다.

이 책을 쓰면서 포스코에 다니는 현직이거나 포스코에서 퇴직하신 분들, 포항지역 시민들에게 박태준 회장은 어떤 사람인가를 계속 물었다. "신과 같은 사람이다. 그 당시 그런 판단력을 발휘한다는 것은 쉽지 않다. 위대하다. 포항이 그런 분을 만난 것은 기적과 같은 일이다. 그분의 업적을 후세가 알 수 있도록 하는 작업이 필요하다"는 의견을 이야기했다. 그렇다. 포항은 박 회장의 신화에 의해서 만들어진 기적의 땅이다. 그가 만든 기업, 시스템, 환경과 정신이 아직도 포항을 감싸고 있다. 그러나 이제 기로에 서 있다. 변화가 필요하다. 다양성이 요구된다. 신화의 스토리는 도시의 이야기로 계승된다. 이제 신화의 계승자는 탁월한 영웅일 필요가 없다. 이미 그런 시대도 아니다. 리더는 필요하겠지만 과도한 집중과 의존은 경계해야 한다. 이제는 이 공동체를 위해 구성원들은 서로 협력하고 존중하는 노력이 필요하다. 토론하여 진정한 대안을 찾는 과정이 필수적이다. 위에서 언급한 몇몇 분들도 그 신화를 계승하는 콘텐츠이고 리더이다. 이런 분들이 포항이라는 기업도시를 앞으로 더 풍성하고 수준 높게 만드는 기폭제가 될 것이라고 확신한다. 그리고 그런 콘텐츠와 스토리들이 많아져야 한다. 그런 스토리들이 철강산업단지의 제조업 공장, 포스텍에서 창업한 벤처기업, 죽도시장 등 곳곳에서 만들어졌으면 한다.

포항시민은 여전히 포스코, 포항철강공단, 지곡단지, 죽도시장, 동해안 바닷가에서 열심히 살고 있다. 삶의 터전들이 새로운 물결에 유연하게 대처하면서 자생력을 갖추고 오래오래 건강하게 지속되었으면 하는 마음 간절하다.

이 책을 마무리할 즈음 태풍 '힌남노'가 포항을 덮쳤다. 정확히 2022년 9월 6일 새벽이었다. 포스코는 침수되었고 태풍 영향으로 몇 개 공장에서 화재가 발생하였다. 3개 고로를 포함 전체 공장이 모두 가동을 멈추었다. 막대한 피해가 발생하였다. 포항시내도 피해가 예상보다 크다. 물이 들어차는 아파트 주차장에서 차를 빼려는 시민들이 희생되었다. 시내 곳곳이 황폐해졌다. 자연재해 극복에 포항시민과 포스코 직원들은 모두 힘을 모으고 있다. 일상회복을 위해 시민들이 구슬땀이 흘리고 있다. 우리 삶터는 이런 노력으로 계속 지켜지고 있다.

이 책을 쓰는데 많은 사람과 인터뷰를 했다. 감사드린다. 포항에 대한 보고서와 논문에도 많은 도움을 받았다. 작성한 분들께도 지면을 빌어 감사를 전한다.

이 책의 견해는 전적으로 저자의 생각과 경험에 기초했으며, 모든 오류 역시 나의 책임이다. 이 책을 읽는 모든 분들의 따끔한 비판과 조언을 기대한다.

주석목록

들어가며

1. "포스코, 지주사 '포항'으로 2023년까지 이전 추진", 조선일보, 2022년 2월 25일.
2. 염미경, 2005, '포항 철강산업 노사관계와 재구조화전략', 아태연구 vol4, pp.43~44.
3. 일자리위원회, '일자리창출과 제조업혁신을 위한 산업단지 대개조 계획(안)', 2019년 11월 19일.

제1장

1. 서병철, 2018, '기업도시 포항의 도시레짐 변동에 관한 연구' 동아대 대학원 박사학위논문, pp.64~68.
2. 이대환, 2004, '세계 최고의 철강인 박태준', 현암사, pp.312~313, 352.
3. 서병철, 앞의 논문, p.98.
4. 서병철, 앞의 논문, p.111.
5. 이대환, 앞의 책, pp.256~257.
6. 포항성모병원 홈페이지
7. 이대환, 앞의 책, p.221.
8. 포스코 50년사, 2018, 포스코, pp.50~60.
9. 위키백과, 박태준 항목
10. 이대환, 앞의 책, p.265.
11. "효자사 주지, 박태준 명예회장, 철강맨들 만남의 자리", 매일신문, 2011년 9월 20일.
12. "형산강 물길따라-포항제철 직원들의 자전거·기차 출퇴근이야기", 경주신문, 2020년 3월 26일

13. 이대환, 앞의 책, p.261.

14. 포스코 50년사, 2018, 포스코, pp.140~141.

15. 서병철, 앞의 논문, p.130.

16. 서병철, 앞의 논문, p.125.

17. 서병철, 앞의 논문, pp.135~137.

18. 포스코 50년사, 2018, 포스코, pp.237~239.

19. 이대환, 앞의 책, pp.520~525.

20. 포항제철공업고등학교 홈페이지

21. 포철교육재단30년사, 2001, 학교법인 포철교육재단, pp.473~485.

22. "노조만큼은 절대 사절", 한겨레21 628호, 2006년 9월 20일

23. "스토리의 보고 영일만을 가다 (11)죽도시장", 영남일보, 2014년 10월 14일

24. 오동욱, 2007, '재래시장 생존전략 연구: 포항 죽도시장을 중심으로', 대구경북연구원

25. "살아있는 죽도시장·살아있는 포항", 2002년, 이병석 정책자료집, (사)한국정책연구원

26. 이대환, 앞의 책, pp.643~644.

27. 포스코 50년사, 2018, 포스코, pp.242~243.

28. 위키백과, 박태준 항목

29. "포스코 50년 포항제철, 격동의 소용돌이 속으로 빠지다.", 경북일보, 2018년 10월 15일

30. 서병철, 앞의 논문, pp.198~219.

31. 포항철강공단20년사, 1994, 포항철강공업관리공단, p.266.

32. 포항시사20년, 1970, 포항시, pp.809~811.

제2장

1. "포스코 50년 '포항종합제철'에서 '포스코'로", 경북일보, 2018년 10월 28일

2. "21세기 철의 지배자는 누구인가", 월간조선, 2008년 7월호

3. "스마트 팩토리 포스코, 제조업 미래 밝힐 '세계 등대공장'에", 동아일보, 2019년 7월 4일

4. 포항상공회의소70년사, 2003, 포항상공회의소, p.442.

5. "현대중공업 유치 '끝내 백지화'", 경북도민일보, 2016년 12월 8일

6. "포스코 세계최대 발전용 연료전지 공장 준공", 매일경제신문, 2008년 9월4일

7. "포스코에너지 연료전지사업 출구전략 수순", 이투뉴스, 2018년 8월 16일

8. "4세대 방사광가속기 5년 만에 준공… 박 대통령 '선도형 과학기술의 토대'", 중앙일보, 2016년 9월 30일

9. "명문사학 포스텍이 국립대로? 대학 측 장기적 검토", 세계일보, 2021년 4월 2일

10. "포스코, 포항에 스타트업센터 '체인지업그라운드' 개관, 중앙일보, 2021년 7월 21일

11. "철강산업, 수출로 IMF 파고 넘는다", 한국경제신문, 1998년 5월 12일,

12. "철강공단 4단지 2001년 착공… 포항 옥명리 66만 평 규모", 한국경제신문, 1999년 10월 19일

13. "철강 사양화 대비해야", 오마이뉴스, 2004년 12월 10일

14. "철강경기 불황에 포항 지역경제 '흔들'", 한국경제신문, 2013년 11월 5일

15. "포항도 경제 빙하기… 조선업 몰락에 철강산업 '최대위기'", 연합뉴스, 2016년 6월 9일

16. "'산업화 주역' 포항철강공단, 코로나로 반세기만에 쓰러질 판", 한국일보, 2020년 9월 25일

17. 김상곤, 2007, "포항철강산업단지 네트워크의 특성과 영향구조에 관한 연구", 영남대학교 대학원 박사학위논문, pp.138~142.

18. "'철강도시' 포항엔 문 닫은 공장 수두룩… 갈수록 버티기 버거운 '산업의 쌀'" 주간동아 1167호, 2018년 12월 8일

19. 홍철 외, 2007, "포항, 이제 어떻게?", 도서출판 새암, PP.175~179.

20. 서병철, 앞의 논문, pp.231~232.

22. 서병철, 앞의 논문, p.196.

22. 포항테크노파크10년사, 2010, 재단법인 포항테크노파크

23. 채헌, 2017, '주력산업 구조조정에 따른 고용위기 극복을 위한 테크노파크의 역할과 대응방안', 동국대 사회과학대학원 석사학위논문, pp.31~33.

24. "포항테크노파크 2단지, 2010년까지 한국형 실리콘밸리", 노컷뉴스, 2005년 11월 4일

25. "포항TP 2단지 조성계획 끝내 무산 13년간 재산권행사 제한 고충 해결", 경북매일신문, 2019년 11월 27일

26. 2021년도 (재)포항테크노파크 실적보고서, 2021, 재단법인 포항테크노파크

27. 교통량정보시스템, 2022년, 국토교통부

28. "포항 영일만항 8일 개항… 52개 업체 40만TEU 물동량 확보", 한국경제신문, 2009년 8월 3일

29. "영일만항, 장밋빛 환상 버려야", 브레이크뉴스, 2009년 8월 11일

30. "기적소리 멈춘 포항 영일만항", 경북매일신문, 2022년 8월 7일

31. "영일만항 물동량 급감, 특단 대책 있어야:, 경북매일 2020년 5월 17일

32. "KTX 포항~서울역 마침내 증편됐다", 경북도민일보, 2021년 7월 12일

33. "포항시, 불법 광고물 철거 대신 혈세 들여 교체 '비판 확산'", 뉴시스, 2018년 9월 17일

34. "포항 죽도시장 다시 '펄떡펄떡'", 문화일보, 2005년 4월 11일

35. "없는 게 없는 포항 죽도시장으로 오이소~", 경북매일신문, 2019년 3월 14일

36. "포항 죽도시장 노점상 '역사 속으로'", 경북일보, 2013년 8월 28일

37. "(인터뷰)죽도시장 상인연합회, 허창호 회장", 영남경제신문, 2021년 1월 10일

38. 장세훈, 2019, '기업도시의 대응: 철강도시 포항의 도시 재활 실험' 공간과 사회 제29권 4호, pp.207~210

39. "'내우외환'이 끓는 포스코 용광로", 시사저널 1177호, 2012년 5월 6일

40. "또 다른 포항 권력 '뿌리회'는 어떤 단체인가", 시사저널 1177호, 2012년 5월 6일

41. 포스코, 과거 정부 10년 부실화 및 비리 진상규명 세미나 자료, 2018년 10월 8일, 더불어민주당 국민재산찾기특별위원회

42. 보도자료 서울중앙지방검찰청 '포스코 관련 비리 수사 결과' 2015년 11월 11일

43. "기록적 폭우에 실종·침수·고립·정전... 경북 곳곳 상흔", 경북매일신문, 2022년 9월 6일

44. "침수된 포항제철소, 모든 용광로 49년 만에 가동 중단", 조선일보, 2022년 9월 7일

45 "(현장)400만평 철강산단도 잠겼다. 공장가동·원료 수급 막막", 한겨레신문, 2022년 9월 15일

46 "'일당 125만원'기술자 1200명 투입에도...포스코 복구 난항", 중앙일보, 2022년 9월 12일

47. "'일당125만원'포스코 승부수, 하루손실 500억 고비 넘겼다", 중앙일보, 2022년 9월 16일

48. "포스코 침수... 경영진 책임-자연재해 공방", 경북매일신문, 2022년 9월 18일

49. "포항-포스코, 피해복구·조기 정상화 '합심'", 경상매일신문, 2022년 9월 15일

제3장

1. 천현숙·김근태, 2008, '파트너십 형성을 통한 도시재생연구: 영국 셰필드시 사례 연구', 국토연구 제57권, pp.19~39.

2. 사공전, 2012, 'Post 철강시대, 해외사례와 시사점', 포항테크노파크 포커스브리핑 Vol.14

3. "스페인 빌바오, '관광+첨단'으로 도시 재탄생", 매일경제, 2007년 12월 17일

4. "'러스트 벨트' 피츠버그는 어떻게 '신경제'의 중심이 되었나?", 한겨레, 2020년 6월 17일

5. 염미경, 2004, '철강대기업의 재구조화전략과 지역사회의 대응: 일본 기타큐슈와 미국 피츠버그의 비교', 한국사회학 제38집 1호, pp.131~140.

6. 장세훈, 2019 앞의 논문, pp.205~206.

7. 전상인, 2011, '외생적 기업도시에서 협력적 기업도시로: 포철과 포항의 관계를 중심으로', 한국지역개발학회지 제23권 제2호, pp.7~9.

8. 장세훈, 2010, '기업도시 포항의 기업과 지역사회의 역학관계', 지역사회학 제11권 제2호, pp.174~176.

9. 장세훈, 2019, 앞의 논문, p.202.

10. 장세훈, 2019, 앞의 논문, pp.231~233.

11. "포스코 원로들 '국민기업 아니라고 한 경영진은 각성하라'", 조선일보, 2022년 5월 16일

12. 송호근, 2018, "혁신의 용광로: 벅찬 미래를 달구는 포스코 스토리", 나남, pp.348~360.

13. "유니코정밀화학 '월드클래스 300기업' 선정", 경북매일, 2018년 5월 15일

14. "포항권 노후산단… 첨단산업 새옷 입는다", 매일경제, 2022년 4월 28일

15. "이준호 덕산그룹 회장, 기업가의 길, 나눔의 길" 포브스코리아 2022. 04호, 2022년 3월 23일

16. "충청권 이차전지산업 현황 및 성장잠재력 점검" 2021, 한국은행 대전충남본부·충북본부

17. "에코프로, 영일만4단지에 '에코배터리 포항캠퍼스' 준공", 전자신문, 2021년 10월 21일

18. "이동채 에코프로그룹 회장, 회계사 접고 창업 23년 만에 10조 잭팟", 매경이코노미 제2127호, 2021년 9월 28일

19. "포항시, 전국 최초로 '강소연구개발특구' 지정", 뉴데일리, 2019년 6월 19일

20. "국제과학비즈니스벨트 내 기초과학연구원 연구단장 선정", 포항공대신문, 2012년 5월 23일

21. "포스텍도 '의사과학자 양성' 내세우며 의대 설립 추진", 청년의사, 2022년 5월 10일

22. "포항 해변에 웬 롤로코스터? 단박에 26만명 대박난 기괴 물체", 중앙일보 2022년 3월 10일

23. "'40년간 죽은 물길 살렸다' 포항운하 2일 개통", 연합뉴스, 2013년 10월 31일

24. "포스텍, 판교에 AI 및 빅데이터 전진기지 설립", 전자신문, 2016년 10월 6일

25. "포스코, 포항살림 버팀목", 경북도민일보, 2021년 12월 1일

26. "포항시민의 힘, '시 침몰 위기의식 파업중단, 한목소리… 포스코사태 9일 만에 종료", 영남일보, 2006년 7월 22일

나오며

1. "포항 새댁 정보라 작가 '부커상 수상요? 0%죠", 뉴시스, 2022년 5월 16일

포항과 포스코

ⓒ2022 채 헌

인쇄 2022년 10월 25일
발행 2022년 11월 10일

지은이 채 헌
펴낸곳 도서출판 나루
주소 경북 포항시 북구 우창동로 80
전화 054-255-3677 / **팩스** 054-255-3678
출판등록 제504-2015-000014호

ISBN 979-11-978559-4-8 03090